LITERATURA DA CULTURA DE MASSA

M u s a
sociologia
volume 1

Dados Internacionais de Catalogação na Publicação (CIP)
(Câmara Brasileira do Livro, SP, Brasil)

Caldas, Waldenyr, 1943-
A literatura da cultura de massa : uma análise sociológica / Waldenyr Caldas. — São Paulo : Musa Editora, 2000.

Bibliografia.
ISBN 85-85653-45-0

1. Comunicação de massa e literatura
2. Comunicação de massa e literatura — Brasil
3. Cultura popular 4. Literatura popular — História e crítica I. Título

00-1363   CDD-306

Índices para catálogo sistemático:

1. Cultura de massa : Aspectos sociológicos   306
2. Literatura de massa : Aspectos sociológicos 306

WALDENYR CALDAS

LITERATURA DA CULTURA DE MASSA

Uma Análise Sociológica

EDITORA

© *Waldenyr Caldas, 2000*

Capa: *Claudio Tozzi*
Editoração eletrônica: *Eiko Luciana Matsuura*
Fotolito: *Presto*

Todos os direitos reservados.

Rua Cardoso de Almeida, 2025   Telefax: (0XX)11 3862 2586
01251-001 São Paulo SP   (0XX)11 3871 5580

e-mail: musaeditora@uol.com.br
site: www.editoras.com/musa

Impresso no Brasil • *2001* • *(3ª ed.)*

AGRADECIMENTOS

A FAPESP – Fundação de Amparo a Pesquisa do Estado de São Paulo, pelo apoio financeiro recebido, importantíssimo para a realização deste trabalho;

A Carmem Lúcia José e Samira Campedelli, amigas e colaboradoras deste estudo.

Para Erika, com amor.

Sumário

Prefácio 9
Introdução 13
Cultura de Massa: Um Breve Histórico 17
Discussões Sobre a Sociologia do Romance 48
Aspectos Teóricos da Paraliteratura 79
    O Romance Paraliterário: Um Romance Linear 91
    À Margem da História Literária 96
    A Propósito de *Eu e o Governador* 114
A Sexualidade na Produção Paraliterária 141
    A Vingança do Metalúrgico 173
Conclusões 188
Referências Bibliográficas 190

Prefácio

Marx teria gostado dos livros de... Adelaide Carraro!

Não se assuste o leitor. Com uma expressão semelhante, o crítico J. Domarchi apontava o interesse de uma análise dos filmes musicais holywoodianos (principalmente os de Vincent Minelli) para traçar o perfil ideológico da burguesia americana[1]. Marx teria gostado dos filmes de Minelli... assim como das histórias de Adelaide Carraro.

Eis a importância do trabalho de Waldenyr Caldas. Com efeito, ao examinar a literatura, ou a paraliteratura (ou ainda, a subliteratura, como querem alguns intelectuais) de Adelaide Carraro, de Cassandra Rios, de Márcia Fagundes Varela etc., o sociólogo Waldenyr Caldas nos possibilita compreender um pouco mais o Brasil contemporâneo, na medida em que nos descortina o mapa mental de uma significativa parcela de nossa população urbana, aquela que, *grosso modo*, chamaríamos de massa ou "povão".

É bem verdade que uma certa elite tapará o nariz diante dessa literatura, por considerá-la "apelativa", de mau gosto, mal escrita, simples produto comercial de baixo nível, indigna de figurar em sua olímpica biblioteca. Mas aí vale a sábia observação de Erwin Panofsky:

> "Conquanto seja verdade que a arte comercial está sempre em perigo de acabar como uma prostituta, é igualmente verdadeiro que a arte não comercial está sempre em perigo de acabar como uma solteirona."[2]

---

1. Apud P. Wollen, *Signos e Significação no Cinema*, Livros Horizonte. 1979, p. 17.

2. Apud P. Wollen, *op. cit.*, p. 18.

E não são poucos os que lêem a chamada paraliteratura. Adelaide Carraro, por exemplo, tem uns quarenta livros publicados, em várias edições; o seu *best-seller Eu e o Governador* já deve ter ultrapassado a 17ª edição, com mais de 300.000 exemplares vendidos. Por aí, pode-se imaginar que, no conjunto, a paraliteratura é lida por milhões de pessoas. Ora, estes números não podem ser desprezados: quando um produto começa a ser consumido em larga escala, é preciso desvendar o mecanismo de *marketing* desse alto consumo. É o que fizeram Adorno e Horkheimer, ao denunciar a manipulação cultural das massas, a partir do nazi-fascismo, e assim procedeu Waldenyr Caldas, ao interpretar o êxito da indústria da paraliteratura junto às massas.

Surgem, então, algumas questões fundamentais que Waldenyr Caldas procura deslindar: qual a fórmula mercadológica que garante o bem-sucedido ciclo de produção e consumo da paraliteratura? É preciso, sem dúvida, que o produto, para ser bem consumido, agrade, atraia, comova, sensibilize. Mas, para tal, o produtor/autor tem de estar em sintonia com o repertório ou universo mental do consumidor/leitor. E como será esse universo mental do consumidor? Quem será, afinal de contas, o consumidor/leitor de Adelaide Carraro?

A resposta a essas questões é que ilustra a pertinência e a oportunidade do presente estudo. Waldenyr Caldas nos traça o perfil do universo mental do leitor da paraliteratura: e a massa urbana, pobre, cinzenta, de horizontes curtos, que se espreme nos coletivos, come mal, dorme mal, e "cuja única ventura consiste" em alguns mal alinhavados sonhos de grandeza, dinheiro, luxo, mesa farta e, se possível, muito sexo. Pois são estes sonhos que a paraliteratura, bem dentro dos esquemas da cultura de massa, oferece ao consumidor. Mas, adverte Waldenyr, não se trata de sonhos revolucionários. A mudança ou subversão não cabem no universo mental do leitor; apenas infrações e delinqüências, que deverão ser reparadas ou punidas. Infrações e delinqüências vistas pelo buraco da fechadura. E aqui

Waldenyr Caldas parece chegar ao ponto nodal de sua análise: a estrutura dos textos da paraliteratura repousa, basicamente, no voyeurismo, já que o leitor só consome signos e representações de "real" imaginário e não participa efetivamente das apetitosas situações eróticas que lhe são oferecidas. E tais situações eróticas são geradas pela maldade de uns em detrimento da inocência de outros: as personagens da paraliteratura são, maniqueisticamente, divididas em bons e maus, ingênuos e maliciosos, vítimas e algozes. ... Não se vislumbra a estrutura social, política e econômica em que vivem. Em *A Vingança do Metalúrgico,* de Adelaide Carraro, Duda, o líder dos metalúrgicos (alusão "apelativa" a Lula) é torturado, não por razões políticas, mas por ter espalhado "aos quatro ventos que a filha da condessa Ângela está esperando um filho dele". Nesse universo voyeurista e reacionário, é bem coerente o autoritarismo, como se pode depreender, em *Eu e o Governador,* dos conselhos dados ao governador que se queixa da interferência da Assembléia Legislativa em suas decisões:

"E por que o Governador não desata as correntes e não mete o braço nas nobres fuças dos senhores parlamentares?!"

Pelo exposto, parece evidente o desdobramento do trabalho sociológico de Waldenyr Caldas: conhecer Adelaide Carraro e a paraliteratura é compreender mais um dos mecanismos de manipulação ou "educação" das massas. E talvez possamos compreender melhor o pensamento do poeta Aragon, quando nos diz que deve haver "mais prodígios num moedor de café do que nos serafins do céu."

IZIDORO BLIKSTEIN

Introdução

Os chamados produtos "menores" da cultura de massa sempre atraíram-me. Quando menos, pela sua excepcional força de comunicação com o grande público. Foi assim com a música sertaneja e agora com a paraliteratura.

Conhecidos (entre outros) nos meios acadêmicos como produtos de mau gosto, destinados a um público semiculto e às vezes, realmente inculto, eles têm, por outro lado, uma inestimável importância sociológica que precisa ser pensada. Não obstante sua grande penetração, possuem ainda um peso não menos importante como produtos que veiculam ideologias.

Se, por um lado, sua qualidade estética não merece atenção, não teria condições de se tornar objeto de discussão científica (duas questões bastante duvidosas e subjetivas), por outro, não há dúvida quanto à sua aceitação por parte do grande público que, não apenas os consome em grande escala (basta observar os índices de venda) como tem profundo respeito por seus criadores.

Esses motivos, no entanto, já seriam suficientes para justificar a investigação científica, independente da qualidade estética.

Um fato, no entanto, é incontestável: esses produtos ainda não receberam dos estudiosos a atenção compatível com sua importância. Quando Adelaide Carraro, Cassandra Rios, Márcia Fagundes Varela, entre outros, especializados no romance paraliterário lançam um novo livro, já se sabe antecipadamente do seu sucesso de vendas, muito embora os meios de divulgação não o projetem o suficiente para que isso ocorra. Ora, isso é da mais alta importância. Até porque, alguns autores que se incluem na produção da "grande literatura" não conseguem o mesmo sucesso; com exceção, claro, daqueles já consagrados, cuja crítica especializada costuma manter unanimidade (sempre elogiosa) quanto à qualidade do seu trabalho. É sob essa ótica, nos parece, que o problema deve ser analisado.

Por outro lado, temos plena consciência de que este trabalho não esgota o assunto. E em momento algum pensamos nisso. Entendemos, isto sim, que os chamados produtos "menores" da cultura de massa fazem parte de um universo tão grande quanto desconhecido.

Ficaríamos satisfeitos, no entanto, se ele pudesse, em algum momento, servir de estímulo para que outros estudiosos se preocupassem com a questão. Da mesma forma que a música sertaneja é hoje discutida nos meios acadêmicos, nas rodas de intelectuais, nas casas de cultura, acreditamos que a paraliteratura deva ter seu espaço para a discussão científica. Quando não pela sua qualidade literária (mas que se pense nisso); obrigatoriamente pelo que ela significa e representa hoje para o leitor médio brasileiro. Para aquele leitor sem preocupações com a "grande literatura". Para ele, aliás, é indiferente ler Guimarães Rosa ou Adelaide Carraro. Como o primeiro exige conhecimentos anteriores, o domínio de um vocabulário mais rico, possui uma linguagem que menos o atrai, ele fica com o segundo, a quem vai entender muito bem e nada lhe exigirá, senão a leitura pura e simples do romance. Por esses motivos é que, a nosso ver, outros estudiosos deveriam dar maior atenção ao papel da paraliteratura no Brasil. Esperamos que isso ocorra.

Passemos agora, a outra etapa deste estudo. Nele, procuramos dar conta do que ocorre hoje com a paraliteratura brasileira e seu respectivo público. Para isso, elaboramos um projeto, cujo resultado está nos quatro capítulos que se seguem.

Entendendo que a paraliteratura inscreve-se entre os produtos da indústria cultural, resolvemos, no primeiro capítulo, fazer um breve relato do desenvolvimento dessa indústria (suas principais correntes, as divergências e identidades ideológicas, as peculiaridades) tendo como principal objetivo analisar a trajetória da própria paraliteratura a partir justamente do seu surgimento, em meados do século XIX na Europa, com o aparecimento do romance-folhetim. Antes disso, porém, achamos pertinente discutir (ainda que de passagem) o conceito de cultura para afunilarmos a questão na cultura de massa.

Por outro lado, considerando o tema em si, resolvemos discutir e analisar os aspectos mais importantes que envolvem a Sociologia do Romance. Com isso, procuramos entender, no plano teórico, as sutilezas inerentes à lógica interna do romance. Nesse capítulo (o segundo), analisamos ainda as tipologias do romance elaboradas por Georg Lukács, René Girad e Wolfgang Kayser. Assim, de posse de um certo conhecimento teórico do romance, passamos a outra etapa: a discussão dos aspectos teóricos da paraliteratura. Este é também o assunto do terceiro capítulo. Aqui, tomamos como base para nossas análises os trabalhos de Gerárd Mendel, André Blavier, Jean Tortel, Yves Olivier Martin, Louis-Vincent Thomas, John G. Cawelti e Anazildo Vasconcelos da Silva. Com esta parte do trabalho, objetivamos precisamente mostrar que a obra de escritores como Adelaide Carraro, Cassandra Rios, entre outros, enquadram-se na categoria da Paraliteratura de Imaginação, segundo Jean Tortel, ou ainda naquilo que John Cawelti prefere chamar de Literatura Formular.

É também neste capítulo, com o subtítulo de *A Propósito de "Eu e o Governador"*, que vamos dar início à análise da obra de Adelaide Carraro, com seu livro mais importante, intitulado *Eu e o Governador*.

Antes de passarmos ao último capítulo, queremos registrar que nossa escolha pela expressão PARALITERATURA deve-se ao fato de a considerarmos a mais adequada entre todas as que poderíamos ter usado. Aliás, no próprio texto do terceiro capítulo, há uma explicação mais ampla sobre nossa opção.

No quarto e último capítulo, continuamos a discussão e a análise da obra de Adelaide Carraro, algumas vezes comparando seu trabalho com o de Cassandra Rios. A questão da sexualidade, da pornografia e do homossexualismo são analisados quanto a sua importância política e ideológica. Finalmente, com o subtítulo de A *vingança do metalúrgico*, analisamos sua penúltima obra (a última foi publicada depois deste trabalho pronto) onde a autora tenta dar uma idéia (a seu modo) da greve do ABC em 1980.

Finalmente, queremos acrescentar o seguinte: embora nosso tema esteja ligado à literatura, aprofundamos e dirigimos este estudo fundamentalmente para a discussão sociológica desta modalidade literária. Ela é o ponto central dos nossos interesses. Mesmo assim, não poderíamos deixar inteiramente de lado a questão da análise literária, sob pena de comprometer a qualidade do trabalho.

Cultura de Massa: Um Breve Histórico

O desejo de se estudar a produção cultural de determinada sociedade e a inserção das classes subalternas[1] no contexto dessa produção é tarefa que envolve um número considerável de problemas. Estes vão desde a conceituação de cultura, na sua acepção mais ampla, até as categorias ideológicas estabelecidas pelo Estado que regem, de certo modo, o comportamento dos produtores dessa cultura. Nesse sentido, desponta como passo inicial imprescindível de nosso trabalho uma rápida discussão em torno do conceito de cultura.

No campo das Ciências Humanas, talvez o problema que mais tenha suscitado controvérsias até hoje seja exatamente este: o que é cultura? Estudiosos do assunto como, por exemplo, Ralph Linton, dedicaram parte de suas pesquisas unicamente ao conceito científico de cultura[2].

Depois de enfatizar a importância do desenvolvimento dos estudos da personalidade para que os cientistas sociais (especialmente os psicólogos, sociólogos e antropólogos) entendessem melhor o

---

1. A expressão classes subalternas foi retirada da obra de Antônio Gramsci, *Literatura e vida nacional*, onde ele parte do princípio de que as classes excluídas do sistema hegemônico, ou seja, as classes subalternas, não possuem uma cultura autônoma, homogênea e criticamente unificada. As classes subalternas só poderão elaborar sua própria cultura, torná-la homogênea, criticamente unificada e autônoma, quando primeiramente ela mesma se tornar autônoma.

2. Do livro de Ralph Linton, The study of man (Nova York, Appleton-Century Crofts, 1964), extraímos subsídios para o conceito de cultura que incluímos neste capítulo.

comportamento do homem enquanto produtor de cultura, Ralph Linton apresenta, a partir daí, alguns conceitos de cultura, que, na verdade, se completam.

Mas, apesar de todo o rigor científico e da coerência teórica, o autor não se propõe analisar exaustivamente todos os flancos que o termo cultura possibilita ao pesquisador. No decorrer do seu trabalho, fica bem claro que, embora trate o conceito de cultura de forma abrangente, em certo momento, passa a ganhar mais interesse o comportamento do homem vivenciando a organização familiar e a própria dinâmica da conduta humana em sociedade. Em outras palavras, Ralph Linton mostra-se fundamentalmente preocupado em analisar determinadas transformações dos usos e costumes do homem, no transcurso de sua evolução social e na formação da sua organização social. Nestes termos, ele entende que "... cultura e a configuração da conduta cujos componentes são partilhados e transmitidos pelos membros de uma sociedade particular"[3].

Embora o termo cultura tenha sido empregado com precisão, no conceito acima há certos pontos vagos que necessitam de maiores esclarecimentos. Seu significado exato, porém, parece estar bastante ligado ao objeto da pesquisa. Isto, em decorrência exatamente da abrangência da expressão cultura. Assim, se o pesquisador estiver trabalhando com literatura, por exemplo, tornar-se-á mais fácil trabalhar no âmbito da produção literária com o conceito de cultura. Isto porque seu objeto de pesquisa no caso a literatura – está bem definido. E isso nos parece válido para outras formas de manifestação cultural. Além desse conceito, o termo cultura empregado em estudos científicos parece não trazer consigo nenhum componente de avaliação que se possa comparar àqueles ligados ao uso popular do termo. Essa diferença de sentido no uso da mesma expressão já é suficiente para nos exigir uma certa cautela ao trabalharmos com ele.

---

3. Linton, Ralph. Op. Cit., p. 43.

Com efeito, convém destacar também que os estudos científicos, quando usam conceito de cultura, quase sempre se referem ao "modo de vida de qualquer sociedade". E nisto se tem uma visão macro da cultura e do "fazer cultura" de uma sociedade. Não se particularize este ou aquele modo, como também não se especifica este ou aquele aspecto desse ou daquele modo.

Por outro lado, o uso popular do termo cultura está muito mais ligado à concepção de erudição, no campo das letras, ou de virtuosismo, no âmbito das artes, e assim por diante. Dessa perspectiva, o termo cultura apresenta ainda um conceito onde todo homem é essencialmente culto em sua especialidade. Nesse aspecto, tanto quanto no conceito científico do que possa ser cultura, não podemos, em nenhum momento, pensar em indivíduos ou sociedades incultas[4]. Isto só teria sentido se admitíssemos a existência de uma sociedade cujos membros nada produzissem ou até mesmo não estabelecessem relações sociais. Mas isso é utopia. Como diz Ralph Linton, "cada sociedade tem uma cultura, não importa quão simples essa cultura possa ser, e cada ser humano é culto no sentido de participar de uma ou de outra cultura"[5].

A afirmação do Autor nos permite dizer que não só a produção cultural de uma sociedade como também as inovações culturais podem partir tanto de um grupo de pessoas quanto de um só membro. Assim, uma grande descoberta ou a invenção de determinado objeto feito por uma só pessoa, mas que possa mudar o estilo de vida de uma sociedade, passará imediatamente a ser partilhada com os demais membros da sociedade. Nesse sentido, passará também a ser parte integrante do seu universo cultural, através da estreita e contínua convivência com a nova descoberta ou objeto produzido. É isso, pelo menos, o

---

4. Embora um tanto conservador e, em certos momentos, pessimista, o conceito freudiano de cultura defende exatamente essa concepção. Ver *Psicologia de las masas*, Madri, Alianza Editorial, 1978.

5. Linton, Ralph, Op. cit., p. 42.

que tem ocorrido até hoje na cultura do homem. É isso também que a realidade empírica nos tem mostrado no dia-a-dia do homem. Sua cultura se transforma, cresce, e aprimorada, destruída em parte, nas guerras e revoluções, reconstruída, acrescentam-se-lhe novos valores, descartam-se outros e assim por diante, ao longo da sua história, ela é indispensável à perpetuação da sociedade que a desenvolve, como bem assinala Alfred Weber, ao analisar as culturas primárias e as altas culturas[6].

Mas, para que haja equilíbrio e funcionamento de uma sociedade e sua conseqüente perpetuação enquanto tal, é necessária a presença de padrões culturais que estabeleçam certos costumes, certas regras de comportamento, enfim, todas as formas possíveis de conduta que, somadas, constituam uma cultura e que sejam extensivas a todos os membros dessa sociedade. Assim, por exemplo, é uma questão cultural de relevante importância a forma de organização social sob a qual funcionam as relações sociais. Ela diz respeito a todos. Além disso, o próprio sistema cultural de uma sociedade, sua própria organização social, entre outras coisas, já se configuram como padrões culturais dentro da totalidade da sua carreira. E, para a perpetuação da sociedade, é necessário que as novas gerações absorvam os padrões culturais existentes, muito embora os transformem (aprimorando-os ou não) adaptando-os ao seu momento histórico, à sua época.

Contudo, devemos ter sempre em mente que a pesquisa científica da conduta humana, ao analisar a participação cultural do homem, não pode esquecer a estrutura social de sua sociedade. É preciso notar também, que nenhum indivíduo pode ter participação total na cultura da sua sociedade. Aliás, a própria estrutura que a sustenta já recusa *a priori* essa participação. A estratificação social que se verifica na sociedade de classe a caracteriza, por exemplo, é a de todos os campos de ação do homem. E entre estes está, obviamente, o da cultura.

---

6. Weber, Alfred. *História sociológica da cultura*, Lisboa, Editora Arcádia 1968. p. 51-52.

Assim, uma sociedade de classe, além de possuir a totalidade da sua cultura, uma cultura determinada pelas transformações ocorridas no seu processo histórico, possui também culturas específicas de classe social muito bem definidas em seus contornos, impedindo a participação efetiva do indivíduo de outras classes. Essa questão está muito bem caracterizada em toda a produção cultural capitalista. A cultura de massa, cujo objetivo é o lucro, vai destinar seu produto aos "diferentes níveis de gostos", estratificando consumo cultural. Mas o problema não está restrito apenas à produção da cultura de massa. No campo da produção literária, (e em todas as outras atividades culturais) a literatura culta (a expressão é de Adorno) é produzida pela classe dominante para si mesma. E, a rigor, pelo menos no Estado capitalista, não há como ser diferente. Esse quadro, cuja gênese reside na própria estrutura social do Estado, será analisado mais adiante[7].

Desse modo, a participação do indivíduo na cultura da sua sociedade não é, claro, um caso eventual. Trata-se, precisamente, de uma questão que envolve, entre outros aspectos, a sua condição de classe. Essa participação está inextricavelmente ligada não só ao lugar – posição social – que o indivíduo ocupa na sociedade, mas também, evidentemente, ao grau de instrução por ele anteriormente adquirido que lhe permita ou não desfrutar de tal posição.

A partir dessas observações não podemos, então, deixar de lado o seguinte: a participação cultural de qualquer indivíduo em sua sociedade não deve ser estudada apenas no que diz respeito a cultura dessa sociedade. Devemos levar em conta, ainda, a cultura específica de sua classe, a sua cultura particular, pontos de referência determinantes para identificarmos seu lugar na sociedade. Assim, também, teríamos

---

7. No início da década de 30, um pouco antes da emergência do nazismo, Karl Mannheim realizou um trabalho justamente sobre a participação do indivíduo na cultura total da sociedade e na cultura específica da sua classe social. No Brasil, esse trabalho foi publicado com o título de Sociologia da Cultura (São Paulo, Perspectiva, 1974).

parâmetros para avaliar o grau de exigência e de expectativa da sociedade em relação a cada indivíduo. Seja como for, é importante notar que esta situação configura a estratificação da produção e do consumo da cultura. Estamos, portanto, diante da especificidade da cultura de classe que obedece à lógica inerente à própria estratificação da sociedade.

Nossa intenção, porém, é usar a discussão dos aspectos teóricos do conceito de cultura apenas como introdução ao problema central do nosso trabalho, que envolve a paraliteratura como produção cultural destinada àquela parte semiletrada da sociedade. Dessa forma, resta-nos ainda discutir alguns aspectos da cultura de massa. É nesse universo cultural – aquele em que se incluem especificamente as classes subalternas – que se concentra nosso interesse de estudo. É precisamente com o advento da sociedade de massa que surge a paraliteratura. Pelo menos nos moldes em que a produziram Eugàne Sue e outros escritores da sua época.

A rigor, o conceito de sociedade de massa surge a partir da última metade do século XIX, quando na Europa Ocidental de passo com a Revolução Industrial criam-se as condições sociais e políticas que determinaram o surgimento da moderna sociedade de classes. Desde então, a noção de "povo" passou sistematicamente a ser substituída pelo conceito de "massa"[8]. Da mesma forma, segundo Alan Swingewood, ao passar pelas transformações anteriormente citadas, a sociedade adquire as seguintes características: "O desenvolvimento da divisão capitalista do trabalho, a organização e a produção de mercadorias em fábricas de larga escala, populações urbanas densamente concentradas, o crescimento das cidades, as decisões centralizadas, um sistema mais complexo e universal de comunicações e o crescimento dos movimentos políticos de massa baseados na exten-

---

8. Gabriel Cohn, em seu trabalho, *Sociologia da comunicação: Teoria e Ideologia* (São Paulo, Livraria Pioneira Editora, 1973), fez um estudo fecundo do termo "massa" no capitulo I, ao analisar principalmente os trabalhos de Gustave Le Bon, de Freud e de Tocqueville.

são dos direitos de voto à classe operária, são as características ideais da sociedade de massa"[9]. Nota-se, nas palavras do Autor, a preocupação em dar uma visão tão real quanto possível da "nova" sociedade emergente. E, com isso duas conseqüências importantes decorrem das suas afirmações: o processo de urbanização cada vez maior e o novo sistema de produção em larga escala já seriam motivos suficientes para se perceber a mudança por que passaram inicialmente as sociedades européias a caminho de uma nova realidade: a sociedade de massa.

Há, no entanto, outra visão da "nova" sociedade que coloca suas características principais. Gabriel Cohn, ao analisar o trabalho de Alexis de Tocqueville sobre a origem da sociedade de massa, deixa bem claro o caráter impessoal cada vez maior que as relações sociais assumiram a partir da mudança de comportamento do indivíduo e das novas atividades do Estado diante da nova sociedade. Diz Gabriel que, "nessas formulações estão contidas as idéias essenciais daquilo que teóricos posteriores, mais à vontade para dar nomes aos fenômenos do que Tocqueville, chamariam de "sociedade de massa" e "totalitarismo". Essas idéias são: a nivelação, o isolamento e a perda da individualidade das pessoas privadas; a atomização do conjunto social nas suas partículas elementares; a contraposição direta entre a massa atomizada e o Estado todo-poderoso[10]. É preciso notar, porém, que ambos os autores – Swingewood e Cohn – quando analisam o termo "massa" (da forma como é empregado) não descartam o peso ideológico com que ele foi usado. Certamente, o isolamento, a perda da individualidade e a atomização do indivíduo, características básicas da sociedade de massa, não decorrem do processo normal de desenvolvimento da sociedade. – Aliás, o desenvolvimento em si mesmo jamais introduzi-

---

9. Swingewood, Alan. *O mito da cultura de massa*. Rio de Janeiro, Editora Inter-ciência. 1978. p. 6.

10. Cohn, Gabriel. Op. cit., p. 66.

ria transformações desse tipo. Elas nos parecem muito mais decorrentes do desequilíbrio que o Estado – a despeito da sua postura formal de mediador das tensões sociais – estabelece, privilegiando determinados grupos sociais que, paralelamente a ele passam a dirigir, a administrar a economia, a política e a cultura[11]. Nesse sentido, sem dúvida, estamos realmente diante de uma massa atomizada cuja individualidade, liberdade, etc. se não foram eliminadas inteiramente, com certeza foram minimizadas ao extremo.

Vê-se, de imediato, que as transformações ocorridas na passagem pré-capitalista para a sociedade capitalista industrial tem implicações bem mais profundas do que a grande concentração populacional no meio urbano, o crescimento desorganizado das cidades, a produção industrial em larga escala, etc. É evidente que tudo isso implica, também, uma mudança de ideologia, senão o aprimoramento das formas de controle social que o Estado capitalista moderno passa a exercer sobre o indivíduo. Aliás, basta pensar nas formas do desenvolvimento do capitalismo para se notar um conjunto de fatos que constituem a própria forma de aprimoramento do controle social. A partir do momento em que as relações sociais pré-capitalistas são substituídas por mudanças econômicas e sociais, a nova classe burguesa procura legitimar seu poder e controle sobre a sociedade, escudada justamente nos princípios democráticos da igualdade, liberdade e justiça material. É nesse momento precisamente, que toda a ideologia do capitalismo vem à tona. Transforma-se todo o sistema de estratificação da velha estrutura social – onde a aristocracia exerce o controle social e cuja base é o privilégio de heredita-

---

11. Vicente de Paula Faleiros, ao analisar a ideologia liberal e a política social no Capitalismo avançado, cria um estimulante debate no tocante à posição de "árbitro neutro" que o Estado circunstancialmente assume. Vide o livro, *A política social do Estado capitalista*, São Paulo, Cortez Editora, 1980. p. 43. Diz ele que o Estado intervém na condição de mediador, de "árbitro neutro", justamente para manter o equilíbrio social através da garantia de um mínimo (o que fundamentalmente estaria corroborando desequilíbrio social) aos mais desfavorecidos.

riedade, a hierarquia de poder – e substitui-se por uma ordem social. A partir de agora a classe dominante – a burguesia nascente – passará a exercer o controle social, subordinando a sua autoridade não só os resíduos da aristocracia decadente, feudal, mas principalmente a nova classe emergente: o proletariado.

É, portanto, da perspectiva acima que deve ser analisado o termo "massa". Sendo tema de estudos e de discussões do seculo XIX[12], essa expressão traz consigo o caráter depreciativo que herdou do pensamento político conservador da época. Talvez seja melhor ilustrar o problema com um exemplo concreto. De todos os pensadores de fins do século XIX, Gustave Le Bon, nesse caso, merece destaque. Suas análises nos levam à visão mais pessimista quanto possível das massas. Atribuindo as massas irracionalidade, incultura e até mesmo uma "fase de barbárie, Le Bon vê da seguinte forma a participação delas na História: A História nos ensina que, quando as forças morais, que são a estrutura de uma civilização, deixam de atuar, essa multidão inconsciente e brutal, justamente classificada como bárbara, gera a dissolução final. As civilizações foram criadas e guiadas, até esse momento, por uma aristocracia intelectual, nunca pela massa, que só tem poder para destruir e cuja hegemonia representa sempre uma fase de barbárie. [...] Com seu poder unicamente destruidor, as massas atuam como aqueles micróbios que aceleram a desintegração dos organismos debilitados ou dos cadáveres. Assim, quando o edifício de uma civilização está minado pelos vermes, as massas são as que produzem a derrocada final[13]. Como interpretar as pesadas atribuições de Le Bon às massas? A única explicação admissível reside, provavelmente, na visão conservadora atribuída ao termo massa da qual, aliás, Le Bon é um dos

---

12. É justamente com o desenvolvimento da sociedade industrial e do processo de urbanização da população, que os estudos sobre a personalidade coletiva tomam maior importância.

13. Apud Horkheimer, Max e Adorno, Theodor, *Temas básicos da Sociologia*. Editora Cultrix, São Paulo, 1973. p. 81-2.

personagens centrais. Em teoria, poder-se-ia dizer que todo o pensamento conservador do século XIX tem uma visão negativa do que é o comportamento de massa. Seja como for, o trabalho de Le Bon, muito embora desatualizado e superado em alguns aspectos, trouxe importantes contribuições para estudos posteriores do comportamento coletivo[14]. O próprio conceito de sociedade de massa que se desenvolveu no último quartel do século XIX e início deste traz consigo influências dos conceitos de Le Bon, tanto quanto dos conceitos de Alexis de Tocqueville, anterior mesmo a ele.

A palavra massa, a partir dos escritos dos autores acima, tem sido cada vez usada, até os dias de hoje, para fazer referência a um aglomerado de pessoas cujas características essenciais ainda se identificam com aquelas estabelecidas por Le Bon em seu trabalho *Psicologia das multidões*, publicado em 1895, ou seja.

1. "predomínio da personalidade inconsciente;
2. orientação por sugestão e contágio de sentimentos e idéias que apontam numa só direção;
3. o indivíduo deixa de possuir um eu; ele passe a ser um autômato destituído de vontade própria"[15].

Essas idéias, juntamente com aquelas já difundidas por Tocqueville (nivelação e atomização da sociedade), formam, na verdade, a base de toda a moderna teoria da sociedade de massa. Até mesmo as sofisticadas análises de teóricos da Escola de Frankfurt (Adorno,

---

14. Gabriel Cohn, analisando a importância do livro de Le Bon, *Psicologia das multidões*, mostra que "seu tom é arcaico apenas, na virulência dos seus argumentos, vulneráveis a mais primária análise ideológica. No mais mantém sua atualidade, na medida em que aspectos básicos da sua construção ideológica não foram superados pela ciência social contemporânea, mas simplesmente incorporados após uma depuração, e neutralização sistemática. (Op. cit., p. 21.)

15. Horkheimer, Max e Adorno, Theodor W. op. cit., p. 81.

Horkheimer e Marcuse) não desprezam de todo os argumentos de Tocqueville e de Le Bon, muito embora reconheçam neles sérias falhas teóricas, principalmente no tocante à análise ideológica da nova sociedade (a sociedade de massa) que começava a engatinhar nessa época. Aliás, seu surgimento se dá justamente a partir da ascensão econômica e política da burguesia e do surgimento das teorias socialistas, que desencadeiam o moderno movimento operário. Talvez aqui estejam assentadas as bases de toda a crítica inicial que se fez à sociedade de massa.

É necessário levar em conta que a Revolução Industrial atinge maior ímpeto precisamente a partir da segunda metade do século XIX, trazendo consigo novas doutrinas econômicas e sociais (entre elas o liberalismo), todas elas defendendo os ideais do capitalismo industrial. O socialismo científico de Karl Marx, justamente por trazer idéias inteiramente originais, consideradas inclusive incompatíveis com a realidade emergente, era ainda visto com certa desconfiança pelos teóricos defensores do liberalismo. É, portanto, sob a égide do próprio liberalismo burguês que se delineiam as primeiras teorias sobre a sociedade de massa. Assim, não há dúvida de que, por maior que fosse a preocupação dos primeiros teóricos da sociedade de massa em manter uma eventual "neutralidade científica", eles terminariam incorporando e reproduzindo em seus escritos a ideologia da doutrina liberal.

Assim é que todo o estudo da teoria da sociedade de massa que se desenvolveu no início, ainda que de forma indireta, assumiu a defesa da burguesia, detentora da cultura, ao mesmo tempo que passou a rotular pejorativamente de "massa" os estratos subordinados da sociedade. Rigorosamente, essa situação só corrobora aquela estrutura social rigidamente defendida pela aristocracia, na qual as decisões sobre os destinos da sociedade só podem mesmo ser tomadas pela elite dominante, o único segmento realmente pensante. Talvez sejam estas as razões do caráter parcial e até mesmo fragmentário que as teses de Gustave Le Bon apresentam da sociedade de massa, malgrado sua capacidade criadora e o uso que os teóricos de hoje fazem delas.

Por outro lado, em qualquer estudo sobre a história da sociedade de massa e sua cultura, a obra de Alexis de Tocqueville é quase indispensável. Seu livro, *Democracia na América* (1840), é hoje citado pela maioria dos estudiosos do assunto como o primeiro trabalho de reflexão científica sobre a sociedade de massa. Objetivando analisar a "sociedade democrática" e a aristocrática, o Autor canaliza seus interesses muito mais para as novas características da sociedade que estava surgindo com o desenvolvimento da Revolução Industrial. É certo, também, que Tocqueville, pelo menos enquanto pensador, viveu nessa época certas dubiedades no tocante ao seu pensamento político. Isto se percebe com relativa nitidez justamente no seu livro já citado. Se, é verdade, por um lado, as idéias revolucionárias (ou pelo menos aparentemente revolucionárias) da ideologia liberal burguesa lhes eram simpáticas, não é menos verdade sua admiração pelas teorias do iluminismo, cuja influência foi determinante na formação das idéias dos socialistas utópicos como por exemplo, Charles Marie Fourier e Robert Owen, entre outros. Assim, também o surgimento de uma oposição socialista, no mesmo instante em que emergia uma "nova" sociedade capitalista industrial, foi visto com bons olhos por Tocqueville De certo modo, esse comportamento explica as razões pelas quais seu trabalho nos dá uma visão da sociedade moderna sendo governada não mais pelos princípios aristocráticos onde predominam a hereditariedade e todos os vínculos da sociedade tradicional. Isto significa, em outros termos, sua resistência e crítica à sociedade aristocrática.

Com efeito, é na medida em que exprime seu pensamento sobre a "nova" sociedade que sua contribuição se torna efetivamente mais clara no tocante às bases da sociedade de massa. Mostrando que os valores da velha sociedade aristocrática haviam sido substituídos pelo igualitarismo onipresente, pelo materialismo e pela instabilidade social, Tocqueville acrescenta ainda que a produção cultural (no caso, a literatura) como qualquer outra atividade profissional ganha outra dimensão no contexto da sociedade industrial, a qual classifica de monótona e rotineira. É justamente sob esse prisma que o trabalho literário do escritor, por exemplo, assume a condição de uma mercadoria como qualquer outro produto posto à venda. Pelo menos é isso o que demonstra Tocqueville. "A Literatura democrática está sempre infestada de uma tribo de autores que olham o assuntos como um simples comércio[16]. E, mais adiante – apenas para finalizar –, Tocqueville fez uma análise de como o povo americano confundia, na verdade, a liberdade pessoal, o respeito à individualidade, com o processo de atomização do próprio indivíduo em sociedade, enquanto mais se desenvolvia a moderna sociedade industrial. Diz ele: "Cada cidadão, assimilando-se a todos os demais, está *perdido na multidão*[17], e coisa alguma se destaca, salvo a grande e imponente imagem do povo em geral[18]. E, especialmente sobre a atomização do povo norte americano, Tocqueville acrescenta:

> Não conheço país em que haja tão pouca independência de espírito e de verdadeira liberdade de discussão como na América[19].

Outros autores, no entanto, se preocuparam com o mesmo tipo e problema. E é dentro de uma linha de reflexão semelhante que aparece o trabalho de Friedrich Nietzsche. Embora o alvo de suas análises seja o Estado, num certo momento, ele se reporta às massas. É aí que seu trabalho recai sobre a sociedade de massa. Em suas obras, *O Anti-Cristo* (1888) e *El ocaso de los ídolos,* Nietzsche elabora uma crítica onde fica bem clara a sua concepção "aristocrática" das relações sociais. Analisando a participação política do proletariado europeu, em fins do século XIX, estabelece e defende princípios de uma sociedade essen-

---

16. Tocqueville, Alexis de. *Democracia na América*. São Paulo, Cia. Editora Nacional, 1969, p. 245.

17. O grifo é do Autor.

18. Tocqueville, Alexis de. Op. cit., p. 16.

19. Tocqueville, Alexis de. Op. cit., p. 16.

cialmente hierárquica, ao mesmo tempo que afasta qualquer possibilidade da coexistência real e prática do binômio cultura/socialismo. O igualitarismo social, positivamente, pelo menos nessa época não estava nas cogitações de Nietzche. Senão vejamos: "Eu simplesmente não consigo perceber o que se propõe fazer com o operário europeu agora que ele já se transformou numa questão. Ele já está muitíssimo bem de vida para não reivindicar mais..." [20].

Trata-se, aqui, claro, de uma postura essencialmente conservadora. É fora de dúvida que, em toda a sua história, o proletariado jamais desfrutou de certas condições privilegiadas na sociedade, para se dizer que "ele já esta muitíssimo bem de vida". O operário, na realidade, só é realmente possuidor de uma coisa: da sua força de trabalho. Nesse aspecto, ele jamais poderia (nem deveria) aceitar, inteiramente e sem opor uma resistência de fato, sua sumária transformação em mercadoria igual a qualquer outra posta à venda. É nessa condição que se torna mais evidente, a partir da segunda metade do século XIX, quando a Revolução Industrial atinge um estágio de produção em larga escala, que o proletariado começa a resistir Assim é óbvio, até mesmo por uma questão de justiça social, de melhor condição humana, ele tinha mesmo era que reivindicar. Só assim ele evitaria sua maior reificação. Aliás, Lucien Goldmann, ao analisar a transformação do operário em mercadoria dá especial destaque ao problema da consciência operária e da reificação. Para ele, essa é uma realidade que caracteriza unicamente a classe operária e constitui um problema técnico da maior importância.

Refletindo sobre a reificação do homem, Lucien Goldmann acrescenta que "em certas condições, e sobretudo quando o preço da força de trabalho baixa muito, quando as condições dos assalariados se tornam muito mais duras, produzem-se resistências humanas, a *mercadoria*

---

20. Nietzsche, Friedrich. *El ocaso de los ídolos,* Buenos Aires, M. Aguilar Editor, 1949.

30

se torna consciente (grifo do autor) e se revolta, seja, contra o capitalismo como tal, seja contra certo número de suas manifestações concretas[21].

Estas poucas observações de Goldmann nos parecem úteis para percebermos que Nietzsche foi extremamente rígido ao analisar a vida do operário europeu em sua época. Nietzsche parte da premissa de que o operário "está muitíssimo bem de vida para não reivindicar cada vez mais". Porém, inversamente a isso, Goldmann nos mostra que a situação do operário europeu – e nesse caso a observação é válida para a causa operária em geral – era bem diferente daquela descrita por Nietzsche. Se sua condição não era efetivamente de pauperismo, com certeza também não era suficientemente a ponto de se imaginá-lo "muitíssimo bem de vida", muito embora a elevação do seu nível de vida seja clara nos últimos cem anos. E principalmente do operário do mundo ocidental a partir do fim da Primeira Guerra Mundial[22].

Por essas razões, tudo indica que Nietzsche não levou em consideração alguns aspectos importantes (como, por exemplo, a reificação), advindos justamente da nova sociedade industrial. Falando sobre os movimentos sociais da Europa do século XIX, Nietzsche mostra que o cidadão comum quase nunca se contenta com seu *"status"* na sociedade. Com isso, ou seja, com sua insatisfação, o indivíduo torna-se extremamente vulnerável à influência do que ele resolveu chamar de "agitadores socialistas (...) que minam o instinto, o prazer, o senso de satisfação do operário com sua existência pequena – que o tornam invejoso, que lhe ensinam a vingança"[23]. Na verdade, quando Nietzsche critica o Estado na sua forma de governo fica evidente sua postura aristocrática. Todavia, isso não é, de modo algum, motivo suficiente

---

21. Goldmann, Lucien. *Dialética e cultura*. Rio de Janeiro. Editora Paz e Terra, 1967. p. 140.

22. John Kennth Galbraith, em seu livro *O novo Estado industrial*, faz um breve comentário da melhoria do nível de vida do operário nesses cem anos.

23. Nietzsche, Friedrich. op. cit., p. 53.

para classificá-lo como antidemocrático ou mesmo reacionário como alguns estudiosos têm feito[24]. Há, primeiramente, que se conhecer a fundo (e não na superfície) a obra do Autor para se chegar a essas conclusões. Deve-se ainda acrescentar que essa visão aristocratizante que existe em Nietzsche é, na verdade, comum ao pensamento conservador do século XIX e até mesmo início do século XX. J. Stuart Mill, por exemplo, a despeito de ser visto como o primeiro crítico "democrático" da sociedade de massa não deixou, em certo momento, de assumir posições tão aristocratizantes quanto as de Nietzsche. Para ele, o Estado, tanto quanto sua política, deveriam ser necessariamente administrados pela elite culta, muito embora a política devesse ser dirigida principalmente no sentido de fazer com que as massas "incultas e amorfas" passassem a participar da cultura, abandonando sua indiferença e apatia em relação à própria administração do Estado.

Seja como for, as teorias de Nietzsche e Mill sobre a sociedade de massa encerram um ponto de identidade: ambas apresentam, realmente, uma visão "aristocrática" da sociedade. Por outro lado, ambas também se opõem à forma de democracia burguesa tanto quanto às teorias socialistas que estavam em pleno desenvolvimento nessa época. Em seus escritos, os termos "elite" e "massa" aparecem sistematicamente corroborando apenas o caráter aristocrático de suas teorias.

E, aqui, nos parece pertinente destacar a crítica que Gabriel Cohn fez a William Kornhauser quando este analisa e inclui Karl Mannheim entre os estudiosos que têm uma "visão aristocrática" da sociedade de massa. Diz ele que "Kornhauser não parece dar-se conta, contudo, de que uma teoria que toma como noções centrais as da "elite" e de "massa" simplesmente não pode ser democrática, visto que suas categorias centrais de análise são inerentemente conservadoras e "aristocráticas" seja qual for o modo em que se articulam no discurso"[25]. Parece-nos, con-

---

24. Swingewood, Alan. Op. cit., p. 7 e 8.

25. Cohn, Gabriel. Op. cit., p. 70.

tudo, que a crítica acima é plenamente extensiva tanto a Nietzsche quanto a J. Stuart Mill. Ambos em suas respectivas teorias tomam exatamente como noções centrais as de "elite" e "massa".

Ao contrário de Nietzsche e Stuart Mill, Ortega y Gasset assume posições extremamente conservadoras no que diz respeito à participação política e cultural da massa nos destinos da sociedade. Utilizando qualificações como minorias "superiores" e massas "desqualificadas", o Autor parte do princípio de que as massas são incompetentes até mesmo para tomar suas próprias decisões. Sendo assim, qualquer tentativa sua de participação no processo político deve ser considerada como uma forma de barbarismo e até mesmo de retrocesso cultural. É precisamente dentro dessa concepção que Ortega y Gasset reage energicamente, tentando mostrar os "maus momentos" pelos quais passa a Europa quando tem início os movimentos sociais do século XIX. E, nesse momento, nada melhor do que dar a palavra ao próprio Autor: "A massa resolveu avançar para o primeiro plano da vida social, ocupar os lugares, usar os instrumentos e gozar os prazeres até agora reservados a poucos"[26]. Temendo pelos destinos da cultura européia, Ortega y Gasset procura reforçar suas posições acusando as classes médias e proletária de novos "bárbaros" e responsabilizando-as por uma tentativa de levar a Europa ao caos, à "mais grave crise que povos, nações ou culturas possam padecer"[27].

Nas palavras de Ortega y Gasset e de outros teóricos conservadores do século passado[28], talvez esteja a gênese da conotação negativa que o termo *massa* adquiriu nos últimos cem anos. É indispensável, ainda,

---

26. Ortega y Gasset, J. *La rebelión de las massas*. Madri, Revista de Occidente. 1959. p. 58.

27. Op cit., p 49.

28. Além dos autores já mencionados e discutidos do século XIX, vale a pena lembrar ainda o nome de J. Burkhardt com a obra *Reflexões sobre a História*. Rio, Zahar, 1961, na qual reforça a visão conservadora sobre a participação cultural das massas na sociedade.

acrescentar que essa conotação, na verdade, é extensiva também à própria cultura produzida pelas massas (não estamos pensando na cultura de massa dirigida comercialmente às massas), como bem demonstra o trabalho do sociólogo italiano Luigi M. L. Saltriani, ao analisar a dominação cultural exercida sobre as classes subalternas.

Rigorosamente, diz o Autor, esse domínio é, em sua base, o reflexo do próprio domínio econômico que permeia também as outras áreas de ação do homem[29].

Estas poucas observações nos parecem úteis para levar a efeito uma posterior discussão sobre os eventuais erros e acertos dos conceitos que teóricos conservadores têm da sociedade de massa e de sua cultura. Das preocupações de Alexis de Tocqueville, em meados do século XIX, até as análises de Ortega y Gasset nos anos trinta deste século, a sociedade de massa passou pelo crivo dos mais diversos estudiosos e suas respectivas tendências ideológicas, sem, no entanto, é claro, haver hoje concepções realmente satisfatórias de sociedade de massa e de sua cultura. Mesmo entre os teóricos que se identificam ideologicamente – caso dos marxistas, por exemplo – vê-se, em certos momentos, um desacordo teórico em torno do assunto.

É provável, no entanto, que os estudos mais fecundos até hoje realizados sobre a cultura de massa tenham sido os da Escola de Frankfurt, e mais precisamente os de Theodor W. Adorno e Max Horkheimer. Projetando suas análises sobre a manipulação cultural que fazia o fascismo alemão nas décadas de 30 e 40 (principalmente através do rádio)[30], os teóricos de Frankfurt reconhecem

---

29. Saltriani, L. M. L. *Folklore & proffitto, Tecniche di distruizione di una cultura*. Rimini, Guaraldi Editore, 1973.

30. Vide o trabalho de Phil Slater, *Origem e significado da Escola de Frankfurt*. Rio, Zahar, 1978. p. 180. O Autor relata com preciosas informações empíricas a importância do rádio e da música como instrumentos de manipulação ideológica do fascismo alemão, sem no entanto, fazer declinar a qualidade teórica do seu trabalho.

que, na verdade, esse é um fenômeno não apenas da sociedade alemã, mas essencialmente de todas as sociedades que vivem sob a égide do capitalismo monopolista. E é justamente entre as décadas de 30 e 40 que aparecem os primeiros estudos da Escola de Frankfurt sobre a "teoria da manipulação", onde se caracterizam plenamente as preocupações do grupo com as relações entre Estado e indivíduo. É precisamente nesse instante que a ideologia do capitalismo organizado passa a ser estudada sob os mais diversos ângulos (psicológicos, estéticos, cultural etc.), tendo como resultado a "teoria crítica da sociedade". É no plano da estética e da cultura, no entanto, que vão surgir os trabalhos de Theodor Adorno e de Max Horkheimer. Assim é que, em 1947, no livro *Dialética do Iluminismo,* os Autores fazem pela primeira vez alusão à expressão "indústria cultural", reportando-se justamente a cultura de massa.

Certamente havia – segundo a ótica dos autores – sérias razões para a proposição da nova expressão. Quem fez, mais tarde, essa afirmação é o próprio Adorno, em seu trabalho intencionalmente intitulado "A indústria cultural"[31], publicado pela primeira vez em 1947. Ainda em *Dialética do Iluminismo,* Adorno e Horkheimer nos dão uma boa noção do que consideram fatores prejudiciais e repressivos da moderna cultura popular. No trecho abaixo fica bem clara a interferência da indústria cultural como fator determinante na transformação dos valores da cultura popular: "A abolição do privilégio educacional através do mecanismo de vendas de produtos culturais não abre para as massas as esferas das quais foram anteriormente excluídas, mas, dadas as condições sociais existentes,

---

31. Theodor Adorno escreve o seguinte: "Abandonamos essa última expressão (cultura de massa) para substituí-la por "indústria cultural", a fim de excluir de antemão a interpretação que agrada aos advogados da coisa; estes pretendem, com efeito, que se trata de algo como uma cultura surgindo espontaneamente das próprias massas, em suma da forma contemporânea da arte popular". In: Cohn, Gabriel (org.). *Comunicação e indústria cultural.* S. Paulo, Cia. Ed. Nacional, 1978. p. 287.

contribui diretamente para a decadência da educação e o progresso da inexpressividade bárbara"[32].

Estas poucas considerações já nos mostram em que consistem as concepções de Adorno e de Horkheimer acerca da cultura de massa, ou, como querem os Autores, da indústria cultural. Não é nem a cultura de massa em si mesma, nem seu excepcional desenvolvimento no meio urbano-industrial que são criticados. Suas críticas estão voltadas precisamente para a forma repressiva que assume a cultura de massa (o que é imposto a ela) a partir do instante em que o capitalismo organizado passa a trabalhá-la. Vê-se, de imediato, as conotações ideológicas subjacentes à cultura de massa enquanto produto cultural manipulável pela sociedade capitalista. Seja como for, as análises e criticas de Adorno e Horkheimer estão bem claras e dirigidas. Não se deve condenar a cultura de massa enquanto tal, enquanto produto cultural mesmo; e, sim, enquanto produto portador de uma ideologia vilipendiosa, segundo os Autores, compatível com a ideologia dominante no capitalismo. É evidente, no entanto, que o objetivo primeiro da produção da cultura de massa é o consumismo rentável; mas isso não elimina nem diminui o impacto ideológico dessa produção. Além disso, há ocasiões específicas em que consumismo e ideologia podem perfeitamente harmonizar-se ainda mais e se tornar eficientes instrumentos de manipulação política. Há inúmeros exemplos nesse sentido. Diversas vezes e em diferentes momentos históricos, o Estado se valeu dos veículos de comunicação de massa para sensibilizar a opinião pública no sentido de fazê-la participar de determinado evento, apoiar uma decisão sua e assim por diante. Com essa atitude, o Estado tem seu objetivo bem declinado, ou seja, a "venda" de um "produto político". A aceitação por parte do público significa, em outras palavras, a concretização da

---

32. Horkheimer. Max e Adorno, Theodor. *Dialetic of Enlightenment*. Londres, Allen Lane, 1973. p. 135.

"venda". Enquanto Adorno e Horkheimer nos mostram, na Europa, a importância do rádio nas décadas de 30 e 40 como porta-voz universal do Führer na transição para o fascismo, vemos, hoje, na América Latina – caso do Chile, por exemplo – o *staff* do presidente Augusto Pinochet "esclarecendo" a população sobre a necessidade de um plebiscito para se apurar a vontade do povo no tocante à permanência, ou não, do referido general como presidente. Nesses dois exemplos, como em outros, embora o produto não seja palpável (espécie sólida) o consumismo se faz presente em toda a sua plenitude. E aqui, mais claro do que em qualquer outra circunstância, está o trabalho de manipulação política. Nesse caso, consumismo e efeito ideológico se confundem de tal modo que formam um todo em que as partes são quase imperceptíveis. Em todo caso, como se trata de uma "mercadoria política", parece-nos que a situação se inverte. O objetivo, agora, não é o consumismo em primeiro plano, mas sim o efeito ideológico da mensagem.

É nesse aspecto, portanto, que se justifica plenamente a proposta de Adorno e Horkheimer de mudar o termo "cultura de massa" para "indústria cultural". Em momento algum existe qualquer identidade entre a cultura popular – produção espontânea de uma sociedade, e mais que isso – e a cultura de massa que, como acabamos de ver, é, na sua essência, um produto pré-elaborado com todas as técnicas de marketing, objetivando fundamentalmente o lucro. Aliás, se observarmos que os *mass media* fabricam industrialmente elementos culturais, pautados nas normas do lucro, da estandardização e da divisão do trabalho, semelhantes as do capitalismo, então assim também compreender-se-a apropriação e destruição de uma cultura pela outra. Nesse caso, obviamente, a cultura de massa (indústria cultural) apropria-se dos valores da cultura popular destruindo suas características fundamentais, como propõe Adorno em seu ensaio "A indústria cultural". E, o que é mais importante: a partir desse instante, tem-se o controle social mais estreito sobre o indivíduo através do fenômeno da "padronização", processo pelo qual são impostos os bem-sucedidos monopólios da indústria cultural. Para tornar mais clara a questão, Adorno mostra que, nas sociedades de superprodução, a "padronização" funciona também como um "álibi" onde o indivíduo sente-se devidamente respeitado em sua individualidade. Nesse caso, a situação real apresenta-se muito diferente da aparência. O indivíduo vive, na verdade, uma "pseudo-individualidade" uma vez que a padronização levada a efeito pela indústria cultural o mantém sob seu controle, como demonstra Adorno, ao falar dos sucesso da música ligeira. No entanto, esse fenômeno é extensivo toda a produção de indústria cultural: "Pseudo-individualização" significa dotar a produção cultural de massa com uma aura de livre escolha ou de mercado aberto à base da própria padronização. A padronização dos sucessos musicais mantém os consumidores sob controle, ao estabelecer, por assim dizer, o que devem ouvir. O pseudo-individualismo, por seu turno, os mantém sob controle, fazendo-os esquecer que o que ouvem já foi ouvido pelos que lhes determinaram a escolha, isto é, foi "pré-diferido" [33].

Embora de forma sucinta, acreditamos ter colocado o essencial do pensamento da Escola de Frankfurt – senão, pelo menos o que pensavam Adorno e Horkheimer – sobre a cultura de massa. Em seus escritos pertinentes à indústria cultural fica visível a importância que assume a ideologia do Estado capitalista. Extremamente preciso e coerente em suas análises, Adorno conceitua indústria cultural", levando em conta precisamente aqueles aspectos cuja importância outros pensadores da mesma época não perceberam ou simplesmente subestimaram. É provável que nos aspectos abaixo mencionados estejam a originalidade e o rigor do pensamento adorniano no tocante à sociedade de massa: a indústria cultural reflete assim as mesmas relações e antagonismos que o mundo industrial das sociedade modernas, com a diferença que, cúmplice da ideologia dominante, ela

---

33. A citação acima está contida no livro de Phil Slater, *Origem e significado da Escola de Frankfurt,* cit., p. 179.

tem como papel homogeneizar e tornar inofensivos os possíveis conflitos, em particular os que poderiam provir dos focos culturais"[34].

É assim, também, que, para Adorno, a produção de arte passa – com a perda de sua autonomia – de forma progressiva para o âmbito da indústria capitalista. Com certeza, um dos melhores exemplos dessa afirmação está na produção da paraliteratura.

Para finalizar, deve-se destacar que essas concepções da sociedade de massa são veementemente questionadas por alguns analistas contemporâneos da Escola de Frankfurt – especialmente quanto a Adorno e Horkheimer –, como, por exemplo, Alan Swingewood, Hans Magnus Ezensberger, e, ainda, de modo bem mais ponderado, Phil Slater. Entre os autores citados merece destaque o trabalho de Alan Swingewood, *O mito da cultura de massa* publicado em 1977, em Londres. Tomando como referência a terminologia empregada por Adorno e Horkeimer quando se reportam à cultura de massa, Swingewood contesta vigorosamente os autores, estabelecendo até mesmo comparações com Nietzsche, a quem considera essencialmente reacionário. Assim, escreve Swingewood: "O barbarismo estético, escrevem Horkheimer a Adorno, passa a ser a essência da arte capitalista moderna, exigindo de seus súditos obediência à hierarquia social"[35]. É justamente refutando a existência, de um "barbarismo estético" e de uma "obediência à hierarquia; social" na produção cultural do capitalismo moderno que Swirgewood atribui a Adorno e Horkheimer a categoria de ideólogos marxistas. A partir daí, então, como que indignado, Swingewood opõe-se frontalmente à Escola de Frankfurt e escreve: "Existe, nestas formulações, não só uma concepção elitista da cultura, a forma alta agindo como um meio de transformação da sociedade pelo desenvolvimento de uma consciência críti-

---

34. Jimenez, Marc. *Adorno: art, idéologie et theorie de l'art*. Paris, Union Genérale d'Editions, 1973. p. 129.

35. Swingewood, Alan. *O mito da cultura de massa*. Rio de Janeiro, Editora Interciência, 1978. p. 17.

ca, como também uma rejeição pessimista de classe operária como a vítima extremamente subserviente de uma reificação esmagadora. Existe, assim, uma grande similitude de idéias entre os teóricos marxistas de Frankfurt e o reacionário Nietzsche: as massas são medíocres e a burguesia é incapaz de resistir à marcha do capitalismo tecnológico"[36].

Em outras ocasiões, o pensamento teórico da Escola de Frankfurt (especialmente o de Adorno e Horkheimer) já foi criticado também por estudiosos como Edward Shils e Daniel Bell responsáveis pela teoria "evolucionista progressista" da sociedade de massa[37]. Acusada de possuir um pensamento materialista e dialético, de ser "cientifista", na verdade, uma questão, das mais polêmicas – a Escola de Frankfurt, apresenta a nosso ver, uma das críticas mais bem elaboradas sobre o consumo na sociedade capitalista, principalmente quando trata da indústria cultural. O fato é que cada escritor expressa, efetivamente, em sua obra, sua maneira de ver, de sentir e de imaginar o mundo. E os teóricos de Frankfurt, claro, não seriam diferentes.

Ocorre, no entanto, que os "evolucionistas progressistas não aceitam as concepções de Adorno, Horkheimer, Marcuse, de certo modo, Wright Mills. Para esses teóricos, a cultura de massa (preferencialmente a indústria cultural) cria as bases do totalitarismo moderno e abre caminho para as tendências reificadoras do capitalismo organizado. Essas idéias, como vimos anteriormente, são exaustivamente discutidas por Adorno e Horkheimer em *Dialética do Iluminismo,* onde, para ambos, a "indústria cultural é a integração deliberada, a partir do alto, de seus consumidores. Ela força a união dos domínios, separados há milênios, da arte superior e da arte inferior. Com prejuízo de ambas. A arte superior se vê frustrada

---

36. Swingewood, Alan. Op. cit., p. 17.

37. Merecem especial destaque no tocante à teoria "evolucionista progressista" da sociedade de massa, os trabalhos de Edward Shils, *The Intellectuals and the powers,* e de Daniel Bell, *The coming of Post-industrial society* e *The cultural contraditions of capitalism,* além do de Alain Touraine, *The Post-industrial society.*

de sua seriedade pela especulação sobre o efeito; a inferior perde, através da sua domesticação civilizadora, o elemento de natureza resistente e rude, que lhe era inerente enquanto o controle social não era total[38].

Mas é na década de sessenta, com Herbert Marcuse, e sua *Ideologia da sociedade industrial*, que a produção intelectual da Escola de Frankfurt passa a ser mais discutida. Nesse trabalho, o autor analisa as experiências vividas pelo homem na sociedade moderna, onde ele não teria meios de exercer autonomia sobre sua vida e sobre interferência de "falsas necessidades" que, como diz o próprio Marcuse, "perpetuam a labuta, a agressividade, a miséria e a injustiça". E, mais do que isso, viveríamos numa sociedade onde o trabalho perde seu caráter, sua função inicial (assegurar a sobrevivência material de quem o fez) e reveste-se de outras formas, transformando-se numa "escravidão exaustiva, entediante e desumana"[39]. Essa idéia, aliás, já está contida, de certo modo, em *Eros e civilização*, no capítulo "A dialética da civilização". Aí, Marcuse analisa o trabalho como forma de agenciamento e ampliação das necessidades da vida. Ao mesmo tempo, diz ele, "esse trabalho realiza-se, normalmente, sem satisfação alguma em si mesmo; para Freud, é desagradável e penoso"[40].

É justamente revendo a obra dos teóricos da Escola de Frankfurt, que Edward Shils, representante da teoria "evolucionista progressista" discorda sumariamente das idéias de Adorno, Horkheimer e Marcuse sobre a sociedade e a cultura de massa. E, até com certa aspereza, Shils argumenta que as análises e os conceitos desses autores a respeito da sociedade de massa só seriam pertinentes se pensássemos em termos da "fixação frustrada num ideal impossível de perfeição humana e de uma aversão à sua própria sociedade e aos seres humanos tal como

---

38. Adorno, Theodor. "A indústria cultural". Op. cit., p. 287-288.

39. Marcuse, Herbert. *Ideologia da sociedade industrial*. Rio de Janeiro. Zahar Editores, 1967. p. 45.

40. Marcuse, Herbert. *Eros e civilização*. Rio de Janeiro, Zahar Editores, 1975. p. 85.

eram"[41]. Para Shils, os teóricos de Frankfurt são, no mínimo, saudosistas e românticos. Eles resolveram criar a imagem de uma sociedade estável e orgânica, onde suas imperfeições são irrelevantes se comparadas com a atual sociedade de massa. Isto equivale a dizer que esta sociedade, para os teóricos de Frankfurt, é portadora de uma cultura mosaico, na qual o homem perde sua autonomia, permanece isolado, alienado e exposto às políticas totalitaristas. A isso, no entanto, sem atentar para as nuanças e sutilezas que a questão requer (é bom notar), Shils classifica de "pessimismo radical".

Opondo-se a esses argumentos, que, segundo ele, são dos teóricos de Frankfurt, e intitulando-se defensor da teoria "evolucionista progressista", o Autor passa a justificar a existência da sociedade de massa tal como ela realmente é. Para ele, a industrialização, o desenvolvimento tecnológico, a maior liberdade do homem, hoje, o triunfo da democracia política sobre os modelos políticos totalitários, o maior acesso à cultura são alguns dos argumentos para a defesa da sociedade de massa. E, mais significativo ainda, é observar que os motivos acima citados são vistos pelo Autor, como processos que fortalecem a democracia política, já que eles ampliam as bases sociais do pluralismo político e estabelecem uma nova ordem social. Nesta nova sociedade, a vida social seria, pois, mais humana e mais rica, justamente em decorrência do maior respeito que o pluralismo político tem pela individualidade do homem. Também nenhum outro momento da História, a grande massa da população esteve tão democraticamente integrada como em nossos dias, com o advento da cultura de massa. Sempre que nos reportarmos ao passado, à época precedente à sociedade de massa, veremos que grande parte da população estava alijada do processo cultural da sociedade. O analfabetismo, em proporção elevada, a impedia de uma participação mais representativa. Apenas às elites, às classes dominantes era reservado o privilégio de participar das atividades culturais.

---

41. Shils, Edward. "A sociedade de massa e a sua cultura". In: A *Indústria da cultura*. Lisboa, Editora Meridiano. 1978. p. 263.

São essas, em síntese, as concepções de Edward Shils e, de certo modo, dos evolucionistas progressistas" sobre a sociedade e a cultura de massa. E, antes de analisarmos as divergências entre essa Escola e os teóricos de Frankfurt, convém assinalar como Shils encara a questão da produção, do consumo e da estratificação cultural na sociedade de massa. Num certo momento, temos a seguinte afirmação em seu trabalho:A quantidade de cultura consumida na sociedade de massa é certamente maior do que em qualquer outra época, tendo, embora na devida conta o aumento da população. Verificou-se uma expansão imensa, especialmente dos níveis de cultura brutal e medíocre[42], mas o consumo de cultura superior aumentou também.

Não é necessário andar muito para encontrar os motivos deste incremento. Os mais óbvios são: a maior disponibilidade, mais tempo livre, menores exigências físicas de trabalho, o melhoramento econômico das camadas que outrora trabalhavam muito duramente e durante muitas horas com um salário baixo, o maior alfabetismo, o reforço dos valores individuais e uma mais livre e despreconceituada alegria de viver. Em tudo isto, as classes médias e baixas têm ganho mais do que as elites (incluindo nestas ou intelectuais, qualquer que seja a sua distribuição profissional)[43].

---

42. O Autor entende que ha três tipos diferentes de produção e consumo cultural. A cultura medíocre, representada fundamentalmente pelas manifestações populares, como as crendices, as superstições, os mitos, as lendas, as cantigas de roda e tudo aquilo pertinente ao universo das culturas tradicionais do homem, que se convencionou chamar de cultura popular. A cultura brutal é entendida por Shils como aquela produção que fez uso da pornografia, das crônicas desportivas, da literatura macabra, dos grandes crimes, da exploração da vida de pessoas famosas, enfim, do filão de certo modo trabalhado pela cultura de massa. Nessa categoria, estaria incluída a literatura de Adelaide Carraro, por exemplo. A cultura superior não deixa dúvidas. Segundo o Autor é aquela produção cultural criada e destinada à elite intelectual. Na literatura mundial, poderia ser representada por Shakespeare, Dostoiévski, Kafka, etc.; enquanto no plano da produção musical, teríamos Beethoven, Bach e Liszt, entre outros.

43. Shils, Edward. "A Sociedade de Massa e a Sua Cultura". In: A *Indústria da Cultura*, Editora Meridiano, 1978, Lisboa, p. 153.

Estão aqui expostas as idéias centrais dos teóricos evolucionistas progressistas sobre a sociedade de massa. Já de início pode-se notar que elas são frontalmente opostas àquelas defendidas pela Escola de Frankfurt.

Dotado de extrema ingenuidade e boa fé (desinformação não pode ser) Edward Shils, lídimo representante da Escola Evolucionista Progressista, vê na sociedade de massa a opção mais digna e mais humana como modelo social. Para ele, a única situação social onde poderá haver o pleno exercício do pluralismo político e, portanto, o devido respeito à individualidade do homem. Até aqui nada a obstar. Seja como for, o fato é que o Autor pode fazer a livre escolha do seu modelo político da sua ideologia, defendê-la e até mesmo propagá-la. Inadmissível, no entanto, é que sua simpatia por este ou aquele regime político, por este ou aquele modelo social interfira em sua produção intelectual a ponto de que esqueça ou omita determinadas verdades científicas e com isso crie uma falsa imagem da realidade da sociedade de massa. Acreditar que os novos meios de comunicação de massa estão hoje empenhados na democratização da cultura e em reforçar o processo democrático, é no mínimo desconhecer as bases em que se assenta a ideologia do capitalismo moderno. É certamente deixar de lado toda a discussão sobre a Teoria da Cultura de Massa, principalmente aquela literatura produzida por pensadores marxistas.

Assim, Edward Shils e o grupo da Escola Evolucionista Progressista não acreditam na existência de uma cultura de massa que produza efeitos como aqueles discutidos pelos teóricos da Escola de Frankfurt, onde ela é sobretudo um instrumento ideológico a serviço da classe detentora do poder. Neste sentido, a existência de uma cultura de massa, nos moldes em que hoje a conhecemos, é uma questão, como acrescenta Denis Mcquail, de "necessidades comuns à maioria dos membros da sociedade industrial e satisfeitas de acordo com o que permite a tecnologia das comunicações de massa[44]". Assim, o aproveitamento

---

44. Mcquail, Denis. *Towards a sociology of mass communication.* Londres Collier-Macmillan Limited, 1969. p. 94-95.

ideológico de cultura de massa por parte da classe dominante perderia sua importância no tocante ao aspecto político. A nova teoria da sociedade pós-industrial, enfatizando o consumo, e não mais a produção, e a emergência de uma nova ordem social, são fatores que não implicariam ideologias autoritárias e dominação. Tudo isso seria apenas o reflexo do surgimento de um nova "cultura comum democrática que reforça, e não enfraquece, as instituições e os processos democráticos[45]". Dessa forma, é bastante improvável que os evolucionistas progressistas admitam, em qualquer momento, o caráter e a natureza totalitários da sociedade de massa. Ao contrário, ela seria o exemplo mais claro do pluralismo e da democracia, onde desapareceria a subserviência das classes subalternas justamente pela perfeita integração social, produto de uma nova e democrática estrutura social[46].

Nestas circunstâncias, fica flagrante a absoluta oposição entre estes pensadores e os teóricos da Escola de Frankfurt (mais precisamente Adorno, Horkheimer e Marcuse). No momento, interessa-nos (aliás, a questão exige), discutir e analisar a concepção de sociedade de massa dos evolucionistas progressistas. Difícil, no entanto, não é constatar as falhas teóricas que a proposta desses estudiosos apresenta. Mais do que isso, a nosso ver, o maior problema, parece, está justamente na negação pura e simples de certos aspectos inerentes à própria forma de organização do Estado Capitalista. As questões da dominação ideológica e da legitimidade não são sequer objeto de preocupação desses estudiosos. Aliás, escapa do seu controle um dos aspectos mais elementares pertinentes a lógica do capitalismo: o aperfeiçoamento do modo de produção capitalista torna o Estado cada vez mais forte; leva-o a interferir mais fortemente, não apenas na administração da economia, que é uma categoria da sua própria infra-estrutura, mas tam-

---

45. Swingewood, Alan. Op. cit., p. 21.

46. Wirth, L. 'Consensus and mass communication". American Sociological Review. 1948, v. XIII.

bém a "rever", quase sempre, a superestrutura, através de uma ação maior e mais eficaz nos planos da cultura e da organização social. Dessa forma, cabe ao Estado a escolha do critério de integração social. Para ele fica o encargo de determinar as "regras do jogo". Com isso, parece-nos, a noção de legitimidade fica comprometida. Nem tudo aquilo que é legal, que é determinado pelo Estado (veja-se Weber, "Os três tipos puros de dominação legítima) é necessariamente legítimo. O Estado, nessas circunstâncias, se assenhora inteiramente do poder, administrando tudo aquilo que eventualmente ponha em risco sua ideologia. E com isso se fez em todos os planos, a informação, todos os veículos de comunicação de massa, tanto quanto a produção de cultura passam a ter sua estreita vigilância. Precisamente por isso pode-se sustentar a idéia de que os meios de comunicação de massa constituem um modo importante de integração e de legitimação social. Questiona-se, então, a legitimidade da sua ação, embora ela seja legal justamente porque parte do Estado. Com certeza, esta questão básica, extremamente importante e, de certo modo, fácil de se perceber, não foi levada em conta nas análises dos evolucionistas progressistas sobre a sociedade de massa.

De forma alguma esses estudiosos aceitariam a tese althusseriana de que "... nenhuma classe pode duravelmente deter o poder de Estado sem exercer simultaneamente a sua hegemonia sobre e nos aparelhos ideológicos de Estado[47]". Nessa perspectiva, para se manter no poder, a classe dominante mantém também a velha ordem social, fortalecendo sua dominação ideológica e controlando os aparelhos ideológicos do Estado entre eles, o da informação, ou seja, os meios de comunicação de massa. Essa já é, aliás, uma ação clássica do Estado. O exemplo brasileiro é, sem dúvida, um dos mais significativos. Durante a década de setenta (o auge foi no governo Médici), toda

---

47. Althusser, Louis. *Ideologia e aparelhos ideológicos de Estado*. Lisboa, Editorial Presença, 1980. p 49.

produção cultural brasileira e os meios de comunicação de massa, entre outros, estiveram sob a estreita vigilância do Estado. Tudo aquilo que não condissesse com sua ideologia, que contentasse a pertinência do "milagre brasileiro", evidentemente não sairia da gaveta do censor. O autoritarismo burocrático (invariavelmente nos lembramos de *O Processo*, de Franz Kafka), cumprindo determinações, impedia que parte da nossa produção cultural, da informação chegasse até o grande público. Isso aconteceu, por exemplo, com alguns trabalhos de Plínio Marcos com grande parte das obras de Adelaide Carraro, de Cassandra Rios, entre outros escritores do gênero, por serem considerados nocivos à moral social.

Pelo que se pode notar, a maior falha na teoria dos evolucionistas progressistas é acreditar na não-intervenção do Estado na administração da economia e na própria organização social e cultural. A partir daí, então, torna-se difícil aceitar suas teorias sem restrições, justamente porque tudo mais estaria cientificamente comprometido Aliás, a própria realidade prática dos acontecimentos se encarrega de contradizer os evolucionistas progressistas. Sistematicamente, o que vemos é a interferência do Estado, entre outras coisas, na organização social e cultural. É nesse ponto que o papel da Escola de Frankfurt (representada a por Adorno, Horkheimer e Marcuse) deve ser destacado. "Cientifista", ou não, como vimos anteriormente, suas teorias têm respaldo e pertinência justamente naquilo que é científico. Por outro lado, as implicações conservadoras das teorias dos evolucionistas progressistas deixam de lado, entre outras coisas, a teoria da sociedade. O modo de produção capitalista e as relações sociais de produção são questões esquecidas ou omitidas em suas análises sobre a sociedade de massa. A produção cultural, tanto quanto o próprio conceito de cultura aparecem divorciados das relações de produção. A cultura assume características de uma instituição autônoma, separada das demais atividades da sociedade e explicável por si mesma. Desaparecem, portanto, os elos de ligação entre cultura e formação de classe. Estrutura e ideologia inexistem. A cultura é vista e analisada como uma categoria a-histórica.

Discussões Sobre a Sociologia do Romance

Da mesma forma que o estudo da Cultura de massa é imprescindível para se entender a produção cultural dirigida às classes subalternas, não é menos importante o conhecimento teórico do romance. Ele se torna ainda mais pertinente quando o objeto central a ser analisado é a literatura dirigida ao consumo do grande público. Este é o nosso caso. Pensando nisso é que resolvemos, neste capítulo, discutir alguns modelos tipológicos do romance, bem como analisar as controvérsias em torno do binômio classe social/gosto estético.

Os problemas da Sociologia do Romance atingiram um nível de complexidade suficientemente grande, suscetível tal até de renovações no que costumamos chamar de Sociologia da Cultura. O mesmo ocorre quanto à crítica literária. Por isso, são inúmeros os trabalhos científicos na área de Teoria da Literatura, onde se pode ver um perfeito domínio da análise interna da obra contrapondo-se a uma certa carência de melhor análise sociológica.

A consonância da análise interna da obra (forma e conteúdo) adicionado ao trabalho da investigação sociológica deve ser a principal tarefa do pesquisador interessado em Sociologia da Literatura. Só assim parece-nos possível a realização de um sério estudo sociológico da forma romanesca. Por outro lado, ambas as análises jamais devem ser vistas como contraditórias e, sim, como complementares.

Comecemos nossa discussão por alguns aspectos teóricos levantados por Georg Lukács em seu livro *A teoria do romance*. É aí que pela primeira vez ele usa a expressão "herói problemático" para caracterizar um certo tipo de herói romanesco. Embora muito genérica e parcialmente aceita[1], essa expressão visa fundamentalmente dar conta do romance e de seu herói enquanto história de um mundo degradado, à procura de uma utopia, ou seja, de valores autênticos dentro de si mesmo. Claro está que essa concepção de valores autênticos é algo inerente ao próprio conteúdo do romance, aquilo que o Autor quer dizer, e, enquanto tal, necessariamente, eles se modificam e se diferenciam de um romance para outro. Não importa, nesse caso, se o momento histórico de duas obras é o mesmo; importa, isto sim, é que cada obra seja única no tocante à criatividade do escritor.

Assim, ao mesmo tempo que os valores autênticos de um romance diferem um do outro, ocorre também que eles se organizam no plano da própria obra formando o conjunto de seu universo. Nesse caso, duas obras podem até tratar de um mesmo tema no mesmo momento histórico, sem jamais se repetirem ou serem intrinsecamente semelhantes na sua essência.

As degradações do herói e do mundo em um e outro romance, serão inteiramente diferentes, entre outras coisas, por engendrarem valores diferentes em seu universo.

É dentro desse prisma que Lucien Goldmann vai nos mostrar a natureza dialética do romance através da identidade e ruptura do herói com seu mundo: "Situado entre esses dois pólos, o romance possui uma dialética na medida em que, precisamente participa, por um lado, da comunidade fundamental do herói e do mundo que toda a forma

---

1. Numa nota de rodapé de seu trabalho *A sociologia do romance*, (2ª ed. Rio de Janeiro, p. 8), Editora Paz e Terra, 1978, Lucien Goldmann usa de toda cautela no tocante ao alcance da hipótese de Georg Lukács: "...devemos indicar que em nossa opinião, o campo de validade dessa hipótese deve ser restringido, portanto, se ela se aplica a obras tão importantes na história da literatura quanto *Dom Quixote*, *O vermelho e o negro* de Stendhal, *Madame Bovary* e *Educação Sentimental*, de Flaubert, só muito parcialmente é aplicável à *A cartuxa de Parma*, de maneira alguma, à obra de Balzac, que ocupa um lugar considerável na história do romance ocidental".

épica supõe, e, por outra parte, de sua ruptura insuperável; a comunidade do herói e do mundo resulta, pois, do fato de ambos estarem degradados em relação aos valores autênticos, e a sua oposição decorre da diferença de natureza entre cada uma dessas degradações[2]".

Talvez agora seja mais fácil caracterizar o herói problemático de Georg Lukács: um personagem à procura de valores autênticos num universo que gera o conformismo e a inautenticidade, constituindo o "conteúdo desse novo gênero literário que os escritores criaram na sociedade individualista e a que chamaram 'romance'[3]".

Para melhor caracterizar seu pensamento, Georg Lukác organiza uma tipologia do romance, onde aparecem três grandes unidades, todas elas fundamentadas na relação herói-mundo:

1. *O romance do "idealismo abstrato"*, onde a participação do herói na realidade do seu cotidiano é sensivelmente diminuída justamente por sua estreita visão do mundo. Alguns desses heróis aparecem, por exemplo, em *Dom Quixote de la Mancha,* de Miguel de Cervantes, que Lukács concebe como paródia dos romances de cavalaria, e em *O vermelho e o negro*, de Stendhal, na figura de Julien Sorel.

2. *O romance psicológico* é aquele segundo o qual o herói é suficientemente crítico em relação ao mundo, à realidade exterior. Nem por isso ele abandona sua principal característica: a passividade diante dos fatos. É, por exemplo, o caso do herói de *Educação sentimental,* de Flaubert e *Oblomov,* de Gontcharov.

3. *O romance de educação do comportamento* é o terceiro tipo de romance. Aqui, o herói estabelece a "autolimitação que, segundo Lucien Goldmann, significa uma "renúncia a pesquisa problemática, mas não a aceitação do mundo convencional, nem um abandono da escala implí-

---

2. Goldmann, Lucien. *A sociologia do romance*. Rio de Janeiro, Editora Paz e Terra, 1978, p. 9.

3. Goldmann, Lucien. Op. cit., p. 9.

cita de valores – autolimitação essa que deve caracterizar-se pela expressão 'maturidade viril'[4]". É o que ocorre com o romance de Gottfried Keller, *Heinrick, o novato,* e com *Wilhelm Meister,* de Goethe.

Como se vê, a tipologia de Georg Lukács procura abarcar as diversas formas e gêneros de obras literárias. Isto não significa, naturalmente, que seu estudo se constitui no único critério segundo o qual se pode classificar e julgar uma obra. Aliás, não estamos seguros quanto à validade de qualquer um dos modelos tipológicos que tenham os objetivos acima. Certamente, nem mesmo o Autor do estudo pensava nesses termos:

Corroborada quase na íntegra pela tipologia desenvolvida por René Girards[5], a análise lukacsiana, apesar das suas imperfeições (Lucien Goldmann, um dos mais importantes discípulos e estudiosos da obra de Georg Lukács reconhece isso), converteu-se, hoje, num dos estudos mais sérios e requisitados pelos teóricos da literatura[6].

Com efeito, o desenvolvimento central das análises de Lukács e de René Girard acerca da tipologia do romance, embora muito semelhantes em certos momentos, posteriormente se bifurcam, assumindo,

---

4. Goldmann, Lucien. Op. cit., p. 10.

5. Girard, René. Mensonge *romantique et verité romanesque*. Paris, Grasset, 1961. Neste trabalho o autor elabora a sua tipologia do romance, sem, no entanto, prescindir das idéias fundamentais de Georg Lukács, num trabalho realizado quarenta anos antes do seu. Suas análises também expressam um perfil do romance como a história de uma busca degradada, onde o herói problemático, vivendo num mundo degradado vai à procura de valores autênticos. Como vimos anteriormente, essa é a base de todo o pensamento lukacsiano quando se propôs à análise do romance.

6. Para citar alguns teóricos da literatura (os mais representativos) que trabalham com a tipologia lukacsiana, muito embora cada um deles tenha elaborado a sua, temos os livros de Roland Bounneuf e Réal Ouellet, *O universo do Romance*. (Paris, Presses Universitaires de France, 1973); Wolfgang Kaiser, *Análise e interpretação da obra literária*. Coimbra, Livraria Martins Fontes Editora Ltda., 1976; e Vitor Manuel Aguiar e Silva, Teoria da literatura, Coimbra, 1979.

cada uma, sua autonomia, caracterizando a própria maneira como cada autor conduz o problema.

É o que decorre, por exemplo, quando René Girard passa a entender a degradação do mundo romanesco como produto que se manifesta através de uma "mediatizacao" crescente entre, de um lado, o herói problemático e, de outro, um mundo degradado no qual ele espera encontrar valores autênticos. Como vimos anteriormente em Lukács, *Dom Quixote* é concebido como uma paródia dos demais romances de cavalaria, justamente naquele momento histórico em que Cervantes o produziu. Já em René Girard esta mesma obra é vista como um exemplo de mediação. Aliás, a própria mediação se explica precisamente pela interposição de outros romances de cavalaria entre *Dom Quixote* e a constante procura dos valores cavalheirescos característicos da época.

Lucien Goldmann, refletindo sobre a abrangência do termo "mediação" enquanto categoria que sirva de parâmetro universal para a obra literária, prefere optar pela expressão lukacsiana (degradação), conquanto, segundo sua maneira de ver a coisa, seja um termo mais amplo e preciso.

Por outro lado, a divisão tipológica de René Girard, embora muito semelhante a de Georg Lukács, apresenta, em certos momentos, pontos de desacordo quanto à forma de encarar o problema.

Primeiramente, temos em René Girard um tipologia que caracteriza suas formas de mediação: uma interna, onde o agente mediador trabalha de fora a imagem de personagem. Nesse caso, não ocorre a relação de envolvimento entre mediador e personagem. Embora possa manobrar com onisciência as figuras do seu romance, em momento algum ele aparece diretamente comprometido com a narrativa. *Dom Quixote,* nos parece, é um exemplo bem realizado da mediação interna em René Girard. A mediação externa, por outro lado, se caracterizado pelo subterfúgio usado pelo agente mediador. Em vez de desempenhar o papel de demiurgo, ele atribui essa função a uma das personagens da narração, que passaria, a partir daí, a ter autonomia suficiente para mudar os destinos do romance. Nesse caso, o agente mediador, claro, não seria tão onisciente como no primeiro caso. Ele não estaria na posição estratégica de dirigir e controlar o desenvolvimento da ação. É o que acontece em *São Bernardo,* de Graciliano Ramos, por exemplo.

O segundo ponto de desacordo entre os autores reside na forma de ver romance enquanto obra acabada, ou seja, na sua totalidade. Se, por um lado, ambos concordam com o fato de que o escritor deve sempre ultrapassar a consciência de seus heróis, justamente como forma de criação romanesca, por outro lado, as divergências se aclaram quanto à natureza dessa superação.

Quanto a Georg Lukács, para quem o romance "é a criação imaginária de um universo regido pela degradação universal, essa superação não poderia deixar de ser, ela própria, degradada, abstrata, conceptual e não vivida como realidade concreta[7]". A qualificação "herói degradado" de Lukács vem principalmente da idéia de perda da imanência do sentido de ser do herói. Se entendermos que a busca da transcendência tem de passar por uma mediação qualquer, no entender de Lukács, esta mediação é necessariamente a mediação social – o que na introdução do trabalho de Goldmann, *Sociologia do romance,* aparece como estrutura de reificação. No entanto, a mediação é absolutamente necessária aos argumentos que Lukács apresenta. Sem ela, o herói não chegaria jamais à sua essência. Para atingi-la, no entanto, esse herói passa pela degradação.

Todavia, os conceitos reificação e/ou degradação podem e devem ser depreendidos em dois graus diferentes: um, o da totalidade do ser, atingida após o processo reificador; outro, o da perda da totalidade. Este último é o caso de *Madame Bovary,* por exemplo, onde, *apesar da, e* não *por causa da,* degradação, acontece a perda de identidade.

---

7. Goldmann, Lucien. Op. cit., p. 13.

Por outro lado, por exemplo, *Dom Quixote* é exatamente o caso da totalidade degradatória assumida – neste caso, assumida pelo narrador em sua onisciência e ubiqüidade narrativa –, sendo, portanto, um herói em *degradação e* não *degradado*. Não nos esqueçamos, a despeito disso, que *Dom Quixote* é um herói pícaro como enfatiza Wolfgang Kayser, e *Madame Bovary* é herói trágico. Disso resulta que alguns estudiosos – Kayser, por exemplo – discordam de Lucien Goldmann. A exemplificação buscada pelo Autor, para adequar o modelo Luckasciano, é sobretudo antitética.

A expressão "herói degradado", sem dúvida, gera uma ambivalência de significação, já que o termo é aplicável a muitas outras conotações. Segundo João Luís Lafetá, as terminologias "herói em desarmonia" ou "herói inadequado" seriam mais apropriadas. Para ele, haveria em Lukács uma inadequação entre o tipo, que é o herói, e o mundo em que ele vive.

Entretanto, para o próprio Lukács haveria também um mundo degradado no qual o herói se debateria para atingir a dignidade. É necessário sempre lembrar que à degradação se opõe a dignidade, implicando isto um conceito ideológico burguês de degradação. Assim, por exemplo, o herói é inadequado (degradado, para Lukács), porque é possível haver uma leitura ideológica do texto – de qualquer texto. Qualquer herói que não esteja em consonância com o meio é um herói em degradação. Neste caso, por exemplo, há uma oposição mais que perfeita para este herói), que é o herói exemplar. Para Lafetá, nessas circunstâncias, seria mesmo melhor usar a tipificação de "herói exemplar" em oposição a de "herói degradado".

Da mesma forma, Lafetá entende que o herói degradado estaria para a obra literária vertical, assim como o herói exemplar estaria para a obra horizontal. Na obra literária narrativa horizontal, é quase impossível haver o herói degradado conforme o concebeu Georg Lukács. Daí poder-se falar em uma (específica) tipologia e não na tipologia lukacsiana, aplicável somente ao romance burguês mais denso do século XIX (Balzac, Flaubert,Stendhal) e não a qualquer romance.

Ainda, segundo Lukács, a ironia do romancista é um elemento determinante – mas não o único – não apenas no comportamento do herói, mas também nos outros componentes que se constituem na degradação do universo romanesco.

Já em René Girard, o binômio da relação romancista e herói, que gera a mesma situação imaginada por Lukács, é determinada ainda que parcialmente pelo "humor" do romancista. Aqui, pelo menos, não há rigorosamente contraposição de idéias.

Parece-nos essencialmente uma questão semântica. Enquanto Lukács se utiliza da expressão "ironia" para falar do romancista, do herói e da degradação do universo romanesco, Girard prefere usar a palavra "humor".

Há, sem dúvida, pontos divergentes nas análises de ambos os autores. Entretanto, eles não nos parecem suficientemente substanciais para os classificarmos como opostos. Naturalmente, os valores intrínsecos à obra de cada um, apesar de certas identidades, continuam mantendo sua autonomia, e criam até, em última instância, as mesmas expectativas no leitor.

Isto posto, torna-se pertinente pelo menos sintetizar como Lukács e Girard concebem o romance: para ambos, o romance é um gênero literário onde os valores autênticos constituem tema obrigatório de discussão, muito embora não sejam obrigatoriamente personagens conscientes ou realidades concretas. São valores que existem unicamente na consciência do escritor; portanto, abstratos e conceptuais. Ou, ainda, como diz Georg Lukács, "o romance é a epopéia de um tempo em que a totalidade extensiva da vida não é já dada de maneira imediata, de um tempo para o qual a imanência do sentido a vida se tornou problema, mas que, apesar de tudo, não cessou de aspirar a totalidade"[8].

Mais adiante, estabelecendo comparações entre a epopéia e o romance, Lukács volta a conceituar o romance mantendo a idéia de totali-

---

8. Lukács, Georg. *Teoria do romance*. Lisboa, Editorial Presença, 1978, p. 61.

dade da vida: "A epopéia afeiçoa uma totalidade de vida acabada por ela mesma, o romance procura descobrir e edificar a totalidade secreta da vida[9]". São essas, portanto, as concepções do Autor sobre o romance.

No entanto, outro estudo da tipologia do romance merece especial atenção: o de Wolfgang Kayser. A objetividade e clareza com que o Autor apresenta seus argumentos faz quase uma obrigação mencioná-lo. Sem se preocupar com sofisticações teóricas (o que seguramente não prejudicou a qualidade de suas análises), e levando em conta as diversas facetas que podem apresentar o evento, a personagem e o espaço (elementos que compõem a estrutura do romance), Kayser apresenta esta classificação tipológica:

1. *Romance de ação ou de acontecimento*. É aquele tipo cuja característica principal é a linearidade, onde a fábula se desenvolve obedecendo um plano de começo, meio e fim, devidamente estruturados, dando seqüencialização ao esquema actancial, ou seja, da ação. A narrativa se ocupa fundamentalmente, de encadear situações e episódios específicos, deixando num plano secundário os aspectos sociais e psicológicos das personagens. Incluem-se, nessa primeira classificação, os romances de Alexandre Dumas, Walter Scott, entre outros.

2. *Romance* de *personagem*. A característica principal desse tipo de romance é justamente a presença única de uma personagem central. Minuciosamente trabalhada pelo escritor, essa figura atravessa, quase sempre, todo o desenrolar do romance. Singular é o fato de que sempre esse tipo de romance leva justamente o título da personagem central. Para Wolfgang Kayser, o romance de personagem possui ainda caracteres de sensibilidade, passividade, solidão e, como tal, tendendo ao subjetivismo lírico. É, por exemplo, o que se pode constatar em *Adolphe,* de Benjamin Constant, e significativamente em *Dom Quixote*, certamente o anti-herói propenso ao subjetivismo lírico.

---

9. Idem, p. 66.

Como efeito, é ainda dentro da concepção do romance de personagem que aparecem os romances de evolução e de formação. Trata-se de uma espécie de subdivisão do romance de personagem. De acordo com Wolfgang Kayser, o romance de evolução, que se caracteriza essencialmente pela autobiografia, abre um outro caminho para o romance de personagem. Destacando a importância de se passar experiências pessoais vividas isoladamente ou não, é que o autor justifica a pertinência do romance autobiográfico. As confissões de Santo Agostinho, narradas na primeira pessoa, aparecem como testemunho do romance de evolução, ou seja, do romance autobiográfico. Esse modelo é evidentemente válido para aqueles romances do tipo "memórias".

Nossa primeira impressão é a de que existe nessa modalidade romanesca um forte componente do sentimento da individualidade pessoal, que predispõe o leitor a participar daquele universo até então restrito unicamente ao escritor, ou seja, seu próprio universo. Nesse sentido, ocorre-nos uma questão de relevante importância: o leitor da autobiografia pode, em certos momentos, sentir-se um dos protagonistas da narrativa. Isto porque, certamente, o escritor, ao registrar sua experiência de vida profissional, estaria também incorporando as influências trazidas pelos seus próprios leitores em seu trabalho. Mas pode ocorrer também o inverso da situação. Há quase sempre uma tendência no leitor de levar para seu universo determinadas situações encontradas por ele no romance. E, quando se trata do romance autobiográfico, essa questão nos parece ainda mais evidente. A simpatia do leitor pelo escritor muitas vezes o estimula em suas "fantasias" o suficiente para que ele identifique "pontos comuns em sua trajetória de vida com a do Autor. Às vezes, de algo que já passou, e às vezes, como projeto de vida.

Quanto ao romance de formação, como diz Wolfgang Kayser, seu desenvolvimento conduz a um "estado de maturação definitivo e intimamente predisposto, em que o herói desenvolveu as suas capacidades num todo harmônico. As premissas ideológicas desse tipo levam, contudo, com facilidade, a uma estilização e esquematização e impedem assim o pleno desenvolvimento do fundo épico: a visão vasta e ampla, que devia abranger toda a variada plenitude do mundo, turva-se e limita-se[10]".

3. *Romance de espaço* é aquele que se caracteriza, essencialmente, pelo destaque que dá ao momento histórico e ao contexto social em que ocorre a narrativa. Talvez seja esse tipo de romance um dos mais fluidos quanto a sua classificação.

Por menor importância que o escritor dê, em seu livro, ao momento histórico que está vivendo, por mais irrelevante que seja o contexto social para a sua narrativa (o que nos parece quase impossível), ainda assim esses componentes estarão, na pior das hipóteses implícitos na sua obra. Aliás, romances como *A mãe*, de Máximo Gorki, *Guerra e paz*, de Leon Tolstói, *A comedia humana*, conjunto da obra de Honoré de Balzac, exceto seus escritos anteriores a "Les Chouans", ou ainda os romances históricos de Walter Scott, obras essencialmente voltadas para o quadro social de sua época, podem até ser comparadas com obras que não tenham a preocupação precípua de "fotografar" a realidade social de sua época.

Ironizando ou levando a sério, apoiando ou criticando, o fato é que o romancista sempre registra sua visão de mundo diante da realidade naquele momento. Assim, antes de qualquer outro tipo, se pensarmos em termos de momento histórico e do contexto social, o romance é primordialmente uma obra de espaço e de tempo. Isso, obviamente, não impede que se estabeleça mais uma classificação tipológica. Para melhor caracterizá-lo.

Dentro da visão do romance de espaço, vale a pena destacar o estudo de Temístocles Linhares, quanto ao caráter regional que assumiu o romance brasileiro pelo menos até a década de sessenta, mas que, de certa forma, ainda permanece. Dando destaque à impor-

---

10. Kayser, Wolfgang. *Análise e interpretação da obra literária*, cit., p. 403.

tância do romance brasileiro no tocante à análise da realidade sociopolítica de determinadas regiões do país, enfatiza o Autor que "quando se pretende fixar o caráter do romance brasileiro, entre as direções diferentes que mais possibilidades lhe oferecem, não resta dúvida de que assume relevo e importância a tendência resultante do imperativo geográfico. O homem como unicidade espiritual, dentro desta concepção de romance, não pode surgir superficialmente, em atrito com o meio e a realidade imediata[11]".

Em grande parte, as obras de João Guimarães Rosa, Josué de Castro, Graciliano Ramos, etc., além da poesia de João Cabral de Melo Neto, se enquadram na prosa e na poesia regional sobre a qual escreveu Temístocles Linhares. Da mesma forma, escritores como Dionélio Machado, Fernando Sabino, Dalton Trevisan, Rubem Fonseca, entre outros, têm posto à descoberta os conflitos e angústias do homem em sociedade, com seus contos e romances de personagem.

Com efeito, convém agora destacar que as tipologias aqui discutidas podem ser aceitas, desde que seus modelos não sejam vistos como valores absolutos, onde determinado tipo de romance deva necessariamente se encaixar nos modelos apresentados por Wolfgang Kayser, René Girard ou Georg Lukács Da mesma forma que um romance pode ser concebido por mais de um tipo de modelo, pode acontecer também (e isso efetivamente ocorre) que outro romance não se enquadre em nenhuma das categorias pensadas pelos teóricos criadores dessas tipologias.

Muitas vezes a riqueza e a complexidade do romance por si só já não permite sua classificação nesta ou naquela categoria somente É o caso, por exemplo, de *Chartreuse de Parme*, de Stendhail que, se quisermos, poderá ser classificado como um romance de personagem, justamente pelo papel importantíssimo que Fabrice Del Longo ocupa em todo o

---

11. Linhares, Temístocles. *Interrogações*. Rio de Janeiro, São José, 1962, p. 131. A mesma questão o Autor volta a discutir em outra obra intitulada *Introdução ao mundo do romance*. São Paulo, (Edições Quíron, 1976).

desenrolar da narrativa. Aqui, o escritor dá especial atenção ao processo de formação e evolução dos ideais e sentimentos da personagem. Assim, *Chartreuse de Parme*, que Lucien Goldmann admite classificar parcialmente na tipologia lukacsiana, pode, ainda, segundo a concepção de Wolfgang Kayser, ser um romance de ação, se atentarmos para a sua narrativa extremamente dinâmica e rica em personagens que bem caracterizam essa modalidade de romance na concepção do Autor.

Finalmente, pode-se ainda dizer que a obra de Stendhal em questão possui identidades com o romance de espaço. Isto porque os elementos básicos de *Chartreuse de Parme* se caracterizem precisamente pelo ambiente político e social da época descrito por Stendhal. Aliás, Wolfgang Kayser chega mesmo a colocar Stendhal como escritor cuja obra estabelece uma transição do romance de ação para o romance de espaço[12].

Contrapondo-se as teoria de Lucien Goldmann vistas anteriormente, onde romances como *Chartreuse de Parme* só se encaixam parcialmente nas tipologias conhecidas (o Autor toma como base a de Georg Lukács, mas deixa clara a intenção de estender sua opinião as outras tipologias conhecidas), Wolfgang Kayser salienta que "... *Chartreuse de Parme* inclina-se nitidamente para o romance de espaço; a evolução de Fabrice torna-se, antes, um meio auxiliar para revelar o grande mundo apaixonado[13]".

E, restringindo ainda mais a eficácia da tipologia lukacsiana é que Lucien Goldmann não concorda em momento algum quanto a que obras como a de Balzac, por exemplo, sejam incluídas em qualquer classificação teórica elaborada por estudiosos de Teoria da Literatura. A nosso ver, as tipologias que se apresentam, desde Edwin Muir, considerado por Wolfgang Kayser como "um dos mais importantes teó-

---

12. Destacando a importância do romance francês, especialmente as obras de Stendhal, Balzac e Flaubert, o Autor diz que em "Stendhal deu-se uma transição para o romance de espaço. Não se pode ler já *O vermelho e o negro* como puro romance de evolução. O herói tem valor representativo no espaço (isto é, dentro dum determinado setor do tempo) Op. cit., p. 405.

13. Kayser, Wolfgang. Op. cit., p. 405.

ricos do romance", passando ainda pelo próprio Wolfgang Kayser, até as sofisticadas análises de Georg Lukács, rigorosamente só podem ser aceitas parcialmente. Nisso, estamos de pleno acordo com as apreciações anteriores de Lucien Goldmann.

Não devemos insistir aqui sobre os problemas longamente analisados e discutidos por teóricos da literatura. No entanto, a discussão da tipologia do romance é pertinente ao nosso trabalho, justamente porque nos leva a um conhecimento teórico da estrutura do romance, das formas lingüísticas, da investigação do estilo, enfim, de elementos importantes para a realização de uma análise satisfatória sobre a literatura de Adelaide Carraro. De antemão, queremos registrar que nossa preocupação maior sobre as obras da Autora reside fundamentalmente em dois aspectos: o da sexualidade e o do seu alcance social. No entanto, não negligenciaremos o trabalho de linguagem e da forma literária. São duas categorias importantes em qualquer trabalho de análise do romance.

É precisamente de posse desses elementos (estrutura do romance, formas lingüísticas, investigação do estilo etc.) e da discussão de uma tipologia do romance que os teóricos até hoje discutem e discordam quanto a uma possível classificação estética do romance. Poder-se-ia pensar numa estética do romance? Paralelamente a essa pergunta, cabe acrescentar que os trabalhos a respeito da arte literária (pelo menos os que conhecemos)[14], quase todos portam um juízo de valor, uma concepção onde determinado produto artístico é essencialmente "superior" ao seu similar e assim por diante. Deve-se notar, ainda, que essa superioridade subentende, quase sempre, uma constatação de melhor qualidade daquele produto, ou daquela criação em relação a outra. E não estamos pensando aqui unicamente na concepção burguesa do

---

14. Esse conceito a que estamos nos referindo aparece algumas vezes no trabalho de Muniz Sodré, *Teoria da literatura de massa* Rio de Janeiro. Tempo Brasileiro, 1979, em Pedro Lyra, *Literatura e ideologia,* Petrópolis, Editora Vozes, 1979 entre outros estudiosos que também tratam do mesmo tema.

estético, ou seja, nos valores estéticos como uma questão secundária e de técnica. Estamos pensando também naquelas análises em que os conceitos principais se pautam na subjetividade. Alguns teóricos analisam e comparam exaustivamente obras literárias ou qualquer outro tipo, classificando-as como "boas ou "ruins" etc., sem, no entanto, fornecer ao seu leitor as justificativas científicas, os subsídios teóricos para estabelecer critérios dessa ordem. Certamente, nesses casos, o mínimo que se espera é uma orientação ao leitor não especialista no sentido de fazê-lo efetivamente encontrar coerência nas apreciações do crítico sobre a obra. Ora, não é isso o que realmente se vê.

Observa-se, ao contrário, a produção de uma análise linear, pautada em conceitos abstratos, imperceptíveis às vezes até ao leitor mais atento e, sobretudo, impregnada de um discurso solene e oco que cria defasagens quanto ao real valor estético da obra, seja uma criação literária ou qualquer outra forma de arte.

Não queremos com isso, evidentemente, endossar a criação de certas normas que pressuponham a interpretação, a análise estética de uma obra de arte, ou, ainda, que se convencionem certos padrões, ou "leis", para se avaliar esteticamente uma criação artística. Isso é utopia. Mesmo porque uma obra de arte suscita muitos códigos, e símbolos ao seu observador, o que, evidentemente, nao lhe permitiria fazer uma única leitura dessa obra[15].

Nenhuma obra de arte possui um significado fixo e determinado. Ao contrário, é precisamente no caráter polissêmico da obra (entre

---

15. E aqui vale a pena ressaltar uma interessante observação de Eliseo Verón sobre a leitura ideológica de um texto. Para ele, e no mecanismo da conotação que se encontra o significado ideológico da mensagem. O significado do discurso reside menos no conteúdo denotativo e mais na sua conotação. Diz o Autor que 'las significaciones ideológicas se transmiten por connotación antes que por denotación; en otras palabras, que la significación ideológica de un discurso reposa, no en su contenido denotativo, sino en la relación entre lo comunicado y las decisiones selectivas y combinatorial movilizadas para construir ese discurso. *El proceso ideológico*, Editorial Tiempo Contemporaneo, 1971, p. 256.

outras coisas), que reside a sua magnitude. Por outro lado, o significado de uma obra que apresenta ambigüidades de interpretação pode ser tão objetivo e claro quanto precioso e unívoco. Podemos mencionar o significativo exemplo que Ernst Kris retirou do trabalho de Willian Empson, *The seven types of ambifuity*, justamente sobre a ambigüidade da poesia: "... se supone, salvo cuando um significado doble es sumamente consciente y casi constituye um empellón, que (el poeta) sólo puede haber querido una cosa pero que el lector debe retener en el pensamiento una cantidad de cosas que aquél puede haber querido decir y sopesarlas, al apreciar la poesia, de acuerdo con las probabilidades de las mismas"[16].

Não nos parece aceitável, porém, que, em nome da complexidade de análise de uma obra e das suas multi-interpretações possíveis, passemos a classificá-las como obra de arte de alto valor estético. Quais fatores, causas e elementos que justificam essa afirmação?

A obra de arte é inquestionável quanto à sua grandeza não há dúvida. Entre outras coisas, ela exige do observador a reflexão, o "parar para pensar", que um produto da indústria cultural, por exemplo, não exigiria. Isso, aliás, estabelece com clareza a diferença entre a obra de arte e um produto da indústria cultural.

A arte, como diz Ernst Fischer, jamais se limitaria à mera descrição da realidade social. Ao contrário, é função do artista interpretar essa realidade através de sua visão do mundo, da forma de ver, de sentir o universo concreto em que vive e até mesmo de manifestar suas concepções político-ideológicas.[17] Isto não significa, no entanto, que o artista esteja nos ensinando verdades absolutas. Longe disso.

---

16. Kris, Ernst. *Psicoanálise y Arte*. Buenos Aires. Editorial Paidos, 1952, p. 271.

17. Não estamos pensando em ideologia enquanto um conjunto de doutrinas, e sim, naquela concepção muito bem explicitada em Terry Eagleton, ou seja: ideologia significando "o modo como os homens vivem até o fim os seus papéis na sociedade de classes, os valores, idéias e imagens que os liguem às suas funções sociais e os impedem, assim, de conhecer verdadeiramente a sociedade no seu conjunto". (*Marxismo e crítica literária*), Porto, Edições Afrontamento, 1978.

O que diferencia o artista das demais pessoas é exatamente a capacidade e o talento com que expressa seus sentimentos, suas intuições e, sobretudo, o expressar com precisão e argúcia – através da literatura, das artes plásticas, da música etc – as transformações pelas quais passa a sociedade de sua época. Foi isto, precisamente, o que fez Máximo Gorki em seu exílio político, a partir de 1905, quando escreveu sua obra-prima, *A mãe*. Pelágia Vlassova, personagem central do seu romance, representa exatamente todo o drama do povo russo em princípios deste século. Sua angústia, seu desespero, sua participação política, seu desejo de justiça e de liberdade são magistralmente narrados por Máximo Gorki. Na verdade, naquele momento, Gorki era o porta-voz da situação miserável em que se encontrava o povo russo.

Entretanto, o essencial em *A mãe* é a caracterização da realidade histórica e social muito bem expressa através do talento e da sensibilidade literária do seu criador. As suas experiências individuais, os eventos históricos da sua época e seu gênio literário fizeram de *A mãe* uma obra-prima capaz de retratar e denunciar a opressão por que passava o povo russo.

Mas a obra transcende o drama específico do povo. A nosso ver, sempre que se mencionar uma questão política envolvendo opressores e oprimidos, estaremos também nos lembrando de obras como *A mãe*, *As derrotas do sol* e outras, que a grandeza e o talento de seus autores transformam numa realidade universal e não apenas em experiências particulares.

Parece-nos que essas poucas observações vão bem ao encontro daquilo que Lucien Goldmann pensou justamente sobre a grandeza do escritor e de sua obra. Para ele, "um escritor de gênio é aquele que não necessita expressar mais do que suas intuições e sentimentos para dizer ao mesmo tempo o que é essencial à sua época e às transformações que ela sofreu"[18].

---

18. Goldmann, Lucien. Dialética da cultura, cit., p. 88.

Devemos ainda lembrar que obras como *Guernica*, de Pablo Picasso, *Os basfonds* e *Os inimigos,* de Máximo Gorki, de nítido teor político, ou, ainda, uma poesia falando unicamente do amor não são apenas expressões e experiências pessoais. O trabalho do artista, entre outras coisas, consiste exatamente em que sua obra tenha "participação no universal". Como diz Theodor Adorno, as experiências individuais do artista "se tornam artísticas apenas quando, precisamente em virtude da especificação de sua forma estética, adquirem participação no universal"[19].

Essa universalidade, no entanto, que tem seu peso maior no plano social, não estabelece (nem o artista tem essa intenção) leis para se analisar esteticamente uma obra de arte. Isto é o que nos preocupa no momento.

Longe de ser uma observação subjetiva, a avaliação do valor estético de uma obra exige muito mais que um discurso bem articulado. Exige, sobretudo, a análise e as justificativas científicas para isso. Por outro lado, se nos limitássemos às análises puramente estéticas da obra (pensemos na concepção da estética em Baumgarten, para quem o próprio termo já se presta a confusões, mas cuja função principal é determinar o que é "belo") estaríamos empobrecendo e subestimando sua importância em outras áreas. De qualquer forma, parece-nos quase impossível pensar-se unicamente na "forma" da obra, deixando de lado o conteúdo expresso e intuitivo que completa sua importância.

Com certeza, não se pode dizer que a qualidade de uma obra se reduz apenas ao conceito do belo. Aliás, esta, por si só já é uma apreciação subjetiva, como subjetiva também é qualquer tentativa de determinar, de equacionar o belo. Pelo menos assim entendemos a questão. Pode-se dizer que o estilo escrever de um escritor (a densidade de seus escritos), a originalidade do seu trabalho e a proposta a ser apresenta-

---

19. Adorno, Theodor W. *Conferência sobre lírica e sociedade.* In: *Os Pensadores.* S. Paulo, Editora Abril, 1975. V. XLVIII, p. 201.

da ao público são alguns componentes importantes na qualidade de sua literatura, por exemplo. Que ela seja ou não aceita enquanto tal, já é um problema que não depende do criador. Qualquer que seja o resultado (a aceitação ou a recusa), ele não invalida a proposta do seu trabalho. Aliás, sua importância consiste precisamente no caráter inovador que apresenta a um certo público No entanto, é preciso estar atento para não torná-lo inteiramente isolado. Caso contrário, perderia sua função. Como diz Bouthoul, ao falar da produção cultural, ela "só se inscreverá nos valores estéticos se receber essa espécie de direito a cidadania que lhe vem da adesão de um certo número de pessoas. Não se trata, evidentemente, da unanimidade, devido à variedade, à extensão e ao número de nossas sociedades atuais. Basta que tome corpo num meio, ainda mesmo que este seja restrito"[20].

Sem dúvida, é impossível compreender a existência de um valor estético que permaneça restrito a uma minoria. A sua criação já indica um passo indispensável, claro. No entanto, generalizá-lo, torná-lo do conhecimento da sociedade, parece-nos tão importante quanto sua própria criação. Além disso, é uma forma (a nosso ver, a mais acertada) de justificar plenamente a criação desse valor. Mas só tornar esse novo valor conhecido não bastaria. É necessário ainda que ele seja aceito. Dependendo dos interesses, a própria indústria cultural poderá se encarregar de efetuar esse trabalho. Veja-se o caso da "Tropicália" no Brasil.

É certo, também, que a aceitação de novos valores não é coisa fácil assim de ocorrer. Quando menos, por mais progressista e pré-disposta a aceitar transformações que seja, a sociedade (seja ela qual for) tem sempre aquela parcela considerável de pessoas (certos segmentos da sociedade) que resiste a toda forma d e inovação, seja no plano da música, da literatura, das artes plásticas e, em alguns casos, até mesmo

---

20. Bouthoul, G. "L. *investion des valeurs esthétiques*". Revue International de Sociologie, 1962.

da moda[21]. Além do Tropicalismo, já citado, convém registrar a Semana de Arte Moderna de 1922, em São Paulo, como um dos momentos de ruptura decisivos na História das Artes no Brasil.

Num interessante estudo sobre as inovações estéticas e a vanguarda que as criou, Emílio Willems mostra a importância da figura do *snob* como porta-voz dessas inovações, assumindo-as publicamente na sua totalidade. Para o Autor, os *snobs*, sistematicamente ridicularizados por aqueles que resistem às inovações, desempenham a importante função de levar ao público não só as novidades vistas ainda como aberrantes, mas também de sedimentar essa "aberração" através da sua constante divulgação. E isso se faz através do uso pessoal ou qualquer outra forma, até que ela passe a ser regularmente seguida e aceita pelo público[22]. Vale a pena lembrar alguns exemplos dessas inovações, antes de continuarmos a discussão sobre o valor estético da obra.

Analisando a importância da Literatura e da Arte nos anos que antecederam a Revolução Russa, Jean Michel Palmier nos dá uma boa imagem do trabalho dos poetas futuristas e imagistas, como Maiakóvski, Kliuev, Marienhoff e Essenine. Interessados em que o grande público participasse das suas criações, estes artistas não mediam esforços nem conseqüências para que seus trabalhos chegassem até ele. Extremamente criativos chegaram a usar seu talento também para as brincadeiras, como mostra Palmier nessa longa citação: "Quando se descobrem os poemas imagistas pintados nas paredes do mos-

---

21. No caso específico em que se nota a presença da indústria cultural (a moda, por exemplo), não se pode falar propriamente de uma mudança de comportamento, de inovações estéticas ou de algo semelhante. Isto se justifica por todos aqueles problemas levantados por Adorno, em seu trabalho, "A indústria cultural", citado, onde a sociedade capitalista é originalmente analisada no tocante ao seu consumo.

22. Willems, Emílio. 'Sociologia do snobismo". *Revista do Arquivo Municipal de São Paulo*. V. LVIII, p. 43-56.

teiro da Paixão, os imagistas decidiram dirigir-se eles próprios à Troika para obter uma indulgência na sua condenação: apanharam apenas dez dias de prisão. Freqüentemente atacam as placas das ruas. Desconhecidos, querem imediatamente uma celebridade universal consagrada na sua própria cidade. Desta maneira, substituem nomes ilustres por placas com os seus próprios nomes, não hesitando, supremo sacrilégio, em desbatizar ruas, recentemente rebatizadas com nomes de chefes comunistas e datas revolucionárias: À rua Petrovka passou a ter o nome do imagista Mariennhoff. O beco dos Camaristas (Kamergersky), onde está o teatro artístico de Stanilavski, foi mudado para rua Essenine. O beco da Gazeta passaria a chamar-se rua de Kussikoff. No primeiro dia ninguém notou as mudanças, no segundo também não, no terceiro não mais. Os cocheiros foram os primeiros a se aperceberem da coisa.

Aliás, foi o próprio Essenine quem lhes chamou a atenção Fê-lo da maneira seguinte: chamando um coche disse ao cocheiro:

— Leve-me à rua Essenine.

— Como disse? — perguntou o cocheiro.

— Rua Essenine.

— Essenine? Não conheço.

— Como? indagou-se Essenine. Não conheces os grandes homens da Revolução?

O cocheiro começou a tremer:

— Mas claro que conheço. Como foi que disse, camarada? A rua Essenine? Conheço-a, mas peço-lhe que me diga o antigo nome da rua.

— Beco dos Camaristas.

— Pois claro que conheço. Como podia eu não conhecer o grande revolucionário Essenine?

Estas brincadeiras valeram aos imagistas uma séria repreensão de Kamenev, então presidente do Comitê do Soviete, que delas falará a

Lênin. Este riu muito, e de modo algum pensou em punir os imagistas: melhor ainda, os poetas foram editados."[23]

Não menos criativos foram os futuristas, aos quais está ligada a figura de Maiakóvski, um dos maiores poetas da Revolução Russa. Com os mesmos objetivos dos imagistas (a participação popular nas suas criações artísticas), os futuristas se comportavam e se vestiam de forma singular principalmente para sua época. Aliás, há uma extrema semelhança de comportamento entre os futuristas, a figura do *hippie* (aqui, evidentemente, apenas uma semelhança visual), adepto do movimento de contracultura dos anos sessenta, e o movimento musical tropicalista liderado pelo "grupo baiano", como ficou conhecido. As semelhanças entre este último grupo e os futuristas nos parece ser uma coisa superficial. Não fez parte do nosso trabalho pesquisar este assunto, mas seria de grande valia que outros pesquisadores interessados na mudança de valores da sociedade através da produção artística o fizessem.

Para melhor se entender a identidade de comportamento das vanguardas mencionadas (Emílio Willems as chamaria de *snobs)*, convém dar a palavra a Goriely, que descreve um momento significativo da reunião dos futuristas nos bares de Moscou: "Os futuristas misturam-se com o público, passeiam ou mantêm-se orgulhosamente de pé. Um deles, de longos cabelos louros, a fronte cingida por uma fita, de faces pintadas, discute apaixonadamente"[24].

Seja como for, as extravagâncias dos imagistas e dos futuristas russos (uso de chapéus altos, troca de placas de ruas, fitas prendendo a fronte e os cabelos, grafitando paredes com seus poemas etc.) tinham um objetivo específico e determinado: evitar que sua arte, o surgimento de um novo movimento estético, através, principalmente, da literatura

---

23. Palmer, Jean Michel, *Lênin, a arte e a revolução*, Lisboa, Moraes Editores, 1976. III, p. 30-31.

24. Goriely B. *Les Poètes dans la Révolution Russe*. Paris, Gallimard, 1959

(poesia), se reduzisse a um movimento artístico restrito a uma minoria. É provável que esses artistas partilhassem da idéia de que a sobrevivência de um valor estético não depende somente da sua criação. É preciso ainda generalizá-lo, torná-lo público e incentivar a própria participação desse público. E isto os poetas russos faziam, como fazem hoje os jovens poetas brasileiros do grupo "Sanguinovo", ao saírem em passeatas pelas ruas de São Paulo, declamando suas poesias e pedindo ao público a sua participação no "movimento de popularização da poesia", como resolveram chamar. Quanto às intenções de ambos os movimentos, é preciso deixar claro que a única identidade reside no desejo de popularização da arte; de resto, nada mais. A realidade histórica de uma e de outra época e lugar são absolutamente diferentes, claro. Isto determina comportamentos também diferentes.

Na verdade, esses movimentos assumem concomitantemente, pelo menos, duas posições quase adversas. Uma delas diz respeito à difusão e ao acesso à cultura em sociedade. Extremamente críticos e românticos ao mesmo tempo, esses movimentos procuram tornar a cultura acessível a todos os membros da sociedade, como se isso fosse possível, como se não houvesse, também, uma estratificação para a produção e o consumo de produtos culturais. É aqui que se caracteriza a posição ingênua e idealista do movimento. Isto porque seus organizadores parecem não perceber que a aceitação ou a recusa de novos valores estéticos e culturais não depende unicamente da sua divulgação ou da tentativa de popularizar a cultura. Sem dúvida, o determinante nesse caso são as condições socioeconômicas em que se encontra o indivíduo na sociedade. É provável que, no caso específico dos futuristas e imagistas, vivendo já naquele momento a experiência do comunismo, seus objetivos tivessem sentido.

No entanto, no caso dos poetas "sanguinovistas", vivendo sob a égide do capitalismo, realmente a questão socioeconômica transforma-se no "pêndulo" de todo o problema. Ela, sim, determina, entre outras coisas, a produção e o consumo cultural de toda a sociedade. A nosso ver, tudo indica que essa condição tem também importantíssima participação no tocante à determinação do gosto estético. Esta questão tem muito a ver com a obra de Adelaide Carraro, como, aliás, toda a discussão que fizemos até aqui. Em nossas entrevistas com seus leitores e vendedores de livrarias, pudemos constatar (entre outras coisas a serem discutidas mais adiante) exatamente isso: a condição socioeconômica interage no consumo cultural e na determinação do gosto estético do indivíduo. E, a rigor, esta constatação não traz nenhuma novidade. Ela apenas corrobora a presença natural de uma "lei social". Como veremos mais tarde, tanto Marx quanto Gramsci, de certo modo, já analisaram o problema, muito embora seus interesses não estivessem voltados para a especificidade do gosto estético e sim para as questões que envolvem a "infra-estrutura" (economia) e a "superestrutura" (cultura) da sociedade.

Por isso, parece-nos bastante aceitável buscar nas diferenças socioeconômicas uma das justificativas do gosto estético, seguramente, das de maior peso. Neste caso, queremos dizer que a avaliação estética de uma obra não se reduz a juízos de gosto individuais somente. Subjaz a essa questão além de outras a serem discutidas posteriormente), uma outra muito mais importante, ou seja: a condição de classe, aliada, evidentemente, ao maior ou menor grau de instrução, de cultura adquirida. Isto outorga, de certo modo, à classe culta o monopólio para determinar o valor estético de uma obra, como historicamente sempre o fez. Nessa linha de reflexão temos também o apoio de Roger Bastide, justamente quando ele trata de um problema similar ao nosso.

E analisando a obra de P. Abraham sobre o gosto estético que o Autor fez uma pergunta muito mais no sentido de afirmar aquilo que esta perguntando do que propriamente obter uma resposta: "... o juízo que nosso ser íntimo traz consigo não se explicaria acaso pela nossa educação, por leituras anteriores, talvez mesmo pela nossa posição social?"[25].

---

25. Bastide, Roger. *Arte e Sociedade*. São Paulo, Editora Nacional, 1977, p. 86.

Preocupado também com a defasagem de formação dos juízos de gosto entre as classes sociais, Roger Bastide vai buscar em Ludwig Schucking[26] elementos que não só justificavam a constituição de uma estética científica, mas também alguns fatores que, segundo os autores, são determinantes nessa defasagem. Aproveitando os exemplos das pesquisas de Ludwig Schucking sobre a literatura (isso seria extensivo às outras artes), Roger Bastide apresenta quatro fatores importantes nessa questão:

1. "– a posição social;
2. – a educação escolar;
3. – a crítica;
4. – os diversos meios de propaganda coletiva [27]".

Na verdade, Schucking prolonga sua análise, além dos aspectos já acima citados, à Universidade, revistas literárias, indústria editorial, clubes do livro, bibliotecas itinerantes etc.

Certamente, os fatores 1 e 2 são determinantes na formação de valores do gosto estético. As questões da posição social e da educação escolar, por exemplo, como fatores de influência vital na formação do gosto já foram exaustivamente analisadas por Karl Manheim em *Sociologia da cultura* e discutidas por nós em trabalho anterior.

E questionando a sociedade aristocrática e o procedimento dos estratos dirigentes quanto ao "distanciamento social" que Mannheim (entre outras coisas) compara o discurso da classe dominante com o da classe dominada. Mas é numa passagem muito significativa que o Autor nos mostra a importância da posição social e da educação escolar não apenas como elementos formadores do gosto, mas também

---

26. Roger Bastide retirou as informações do livro, *Die Soziologie der Literarischen Ceschmacksbildung* (Mogúncia, 1923). Nós, no entanto, utilizaremos a tradução italiana, *Sociologia del gusto letterario,* Rizzoli, Milão, 1968).

27. Bastide. Roger. Op. cit., p. 86.

como geradores do distanciamento social: "As elites aristocráticas procuram criar uma 'elite cultural própria. Com isso pretendem que certos traços essenciais de sua cultura, como as formas de relação social, os passatempos, padrões de discurso, assim como várias técnicas e sistemas de conhecimento não sejam compartilhadas pelos demais"[28].

Uma análise mais detalhada sobre a crítica (fator3) está fora do alcance e do interesse deste trabalho. Pertinente, nesse momento, é a sua relação com a formação do gosto. Neste caso, o que temos visto ao se julgar uma obra é o predomínio daqueles critérios subjetivos anteriormente discutidos por nós. Entraram em jogo os valores que o crítico entende como corretos e esteticamente superiores, sem, no entanto, haver uma justificativa coerente, objetiva e até mesmo científica para tal procedimento. Assim, mais uma vez, a apreciação da obra é uma questão estritamente pessoal, onde o gostar ou não gostar (valor estético da obra) termina definindo sua qualidade estética. Pelo menos para o crítico que a está analisando nesse momento.

Ao leitor cabem algumas opções. Aceitar a opinião do crítico como verdadeira e, eventualmente, até levantar algumas questões de reforço a essas opiniões. Esta seria a primeira. Neste caso, a crítica serve realmente como elemento formador do juízo de gosto. E, muitas vezes, intimamente, o leitor pode até não concordar com as opiniões do crítico, mas, por uma questão de insegurança, por não saber quais os critérios reais e objetivos para julgar a qualidade estética de uma obra, ele aceita, na aparência, a opinião do "especialista" quanto a boa obra ou má qualidade de uma obra.

A segunda opção (talvez a mais sensata) seria a de ser crítico sobre as opiniões do crítico. Questioná-las, sem, no entanto, desmerecer o seu trabalho de análise. Admitir, inclusive que a apreciação estética de uma obra está também permeada de conceitos subjetivos, de intui-

---

28. Mannheim, Karl. *Sociologia da cultura*. São Paulo, Editora Perspectiva, 1974, p. 177.

ções, de valores pessoais e, certamente, da concepção ideológica de quem a está analisando. A respeito desse último aspecto voltaremos a falar num outro capítulo deste trabalho.

Com certa freqüência, vemos ainda opiniões absolutamente opostas de crítica diferentes sobre a mesma obra. Mas, até aí, nenhum problema. Opiniões divergentes podem até levar a um conhecimento mais profundo da obra. Mas, infelizmente, não é isso o que tem ocorrido. Normalmente dá-se o seguinte: quando o Autor (no caso de uma obra literária) é desconhecido do grande público, nota-se divergências entre os críticos. A cisão é muito clara entre eles. Em algumas situações, usa-se até o discurso logomáquico, a mediação vazia, justamente como forma de evitar o comprometimento público de prestigiar ou desprestigiar a obra. Por outro lado, isto já não ocorre com o trabalho daqueles escritores já consagrados ou de prestígio nos meios acadêmicos. De imediato, aparecem os elogios dando destaque à boa qualidade do novo trabalho desse escritor, mas é só. Não se seguem as explicações dos porquês do julgamento. Assim, fica mais ou menos estabelecido *a priori* que tal obra de arte é boa (a do artista famoso), enquanto a outra eventualmente (a do artista desconhecido) pode ser ou não. Mas é evidente que situações como esta sempre geraram e continuarão gerando grandes equívocos. O professor Antônio Cândido recolheu dois exemplos que, sem dúvida, vão exatamente ao encontro da nossa discussão. Apreciando a participação do público enquanto receptor de arte, dos valores estéticos, do gosto, da moda, da sociedade contemporânea, nota-se nitidamente o condicionamento desse público a fama, a popularidade do artista consagrado. Citando um depoimento de Franz Liszt contido no trabalho de Stanley Edgar Hyman, *The armed vision* (Knopf, *New* York, 1948, p. 323-324), Antônio Cândido acrescenta: "Em 1837 Liszt deu em Paris um concerto, onde se anunciava uma peça de Beethoven e outra de Pixis, obscuro compositor já então considerado de qualidade ínfima. Por inadvertência, o programa trocou os nomes, atribuindo a um a obra de outro, de tal modo que a assistência, composta de gente musicalmente culta e refinada, cobriu de aplausos calorosos a de Pixis, que aparecia como sendo de

Beethoven, e manifestou fastio desprezivo em relação a esta, chegando muitos a se retirarem. Este fato verídico ilustra, com mais eloqüência do que qualquer exposição, o que pretendo sugerir, isto é, que mesmo quando pensamos ser nós mesmos, somos público, pertencemos a uma massa cujas reações obedecem a condicionamentos do momento e do meio"[29].

Mais adiante, e ainda tratando do mesmo problema, Antônio Cândido cita um feliz exemplo, desta vez envolvendo a produção literária de Charles Morgan: "Como tendemos a introjetar as normas sociais, a nossa reação e perfeitamente sincera e nos dá satisfação equivalente a das descobertas, tanto positivas quanto negativas. A este respeito, lembremos a queda brusca da alta conta em que foi tido Charles Morgan pelas elites cultas do Brasil (que nele foram iniciadas pelas da França, através da crítica), no momento em que se verificou a sua nenhuma cotação na Inglaterra, onde foi sempre considerado escritor de terceira ordem, hábil e ameno pastichador sem personalidade, incapaz de satisfazer aos que falavam a mesma língua dele" [30].

Existem, nestes dois textos, mais do que dois simples exemplos. Eles constatam, efetivamente, toda a preocupação de um determinado segmento da sociedade em exibir seu requinte, manifestar seu juízo estético e sobretudo em ter o reconhecimento coletivo de pertencer a um grupo minoritário de insuspeitável bom gosto. No entanto, esses grandes equívocos (não tão raros quanto se possa pensar) provam, de certo modo, não só a subjetividade do gosto, mas também o condicionamento do receptor de arte às informações e análises dos críticos especializados.

É evidente que não se deve pensar em uniformidade, em padronização de análise estética de uma obra por parte dos críticos, claro. Por outro lado, se existem critérios lógicos e científicos (e não aleatórios), de

---

29. Cândido, Antônio. *Literatura e sociedade*. S. Paulo, Editora Nacional, 1967. p. 41.

30. Cândido, Antônio. Op. cit.. p. 41.

se fazer a apreciação estética de uma obra, então nos parece aceitável a idéia de que as disparidades das análises e opiniões quanto aos novos escritores e a unanimidade em relação à obra daqueles já consagrados, deveria ser motivo de discussão a se fazer com muito cuidado. E, nesse caso, um especialista em Teoria Literária reúne as melhores condições para executar essa tarefa. Para nós, no entanto, ela se apresenta (pelo menos por enquanto) como uma questão ainda não resolvida.

Seja como for, parecem-nos pertinentes as análises de Ludwig Schucking examinando o papel de relevo que desempenham os críticos na formação do gosto. De qualquer forma, seus conceitos servem inclusive de parâmetro para a discussão da obra.

Outro aspecto de significativa importância realçado no trabalho de Schucking é o papel dos veículos de comunicação de massa (quarto item), enquanto instrumentos condicionadores do gosto. Não pretendemos nos alongar nessa questão, uma vez que ela já foi exaustivamente analisada por estudiosos do assunto (caso dos teóricos da Escola de Frankfurt, Jean Baudrillard, entre outros) e discutida por nós em *Acorde na aurora*.

A literatura a esse respeito é muito vasta e polêmica. Apenas para lembrar (a discussão a esse respeito já foi feita no primeiro capítulo), as teses mais opostas nessa questão são as de Theodor Adorno e de Edward Shils.

Enquanto Adorno justifica suas posições argumentando que o consumidor "não é o sujeito dessa indústria, mas seu objeto"[31], Edward

---

31. Este é um dos estudos clássicos e mais importantes sobre a sociedade de massa. Adorno, Theodor. *"A indústria cultural"* cit., p. 288. Importante registrar que, posteriormente a esse ensaio, Adorno escreveu um outro intitulado "Culture Industry Reconsidered", editado pela primeira vez em 1967, na Alemanha. Segundo Alan Swingewood, neste ensaio Adorno "modificou seu pessimismo anterior, sugerindo que os indivíduos poderiam resistir aos efeitos manipuladores da indústria da cultura, mas apenas 'até certo ponto'. O que Adorno quer dizer com isto não foi especificado".

Shils defende a tese de que a cultura de massa, característica fundamental da sociedade contemporânea, é uma forma de socializar a produção cultural, de tornar acessível a toda a sociedade aquilo que até então era privilégio da classe dominante[32].

Mas é em Jean Baudrillard, a nosso ver, que aparece o melhor exemplo da propaganda como elemento condicionador do gosto. É aqui que podemos perceber o magnífico trabalho dos "inventores do gosto". Numa brilhante análise sobre a propaganda do detergente Pax, o Autor diz o seguinte: "Persuade-se o consumidor no sentido de que ele, pessoalmente deseje Pax, na medida em que, de antemão, se lhe apresenta sua imagem de síntese. Esta multidão é ele e seu desejo é evocado pela presunção, na imagem, do desejo coletivo. A publicidade é aqui muito hábil: todo desejo, mesmo o mais íntimo, ainda visa ao universal"[33].

Caracteriza-se, dessa forma, a questão levantada por Ludwig Schucking sobre a propaganda, e que nos parece verdadeira. Aliás, há ainda o interessante trabalho de Rene Konig, *Sociologia de la moda,* Buenos Aires, (Ediciones Carlos Lohle, 1968), tratando do mesmo tema, e assumindo posições mais ou menos semelhantes as de Baudrillard.

No entanto, as questões levantadas por Schucking não esgotam o problema. Há outros aspectos relevantes na formação do gosto. O meio geográfico, por exemplo. Antônio Cândido fez outro importante registro a esse respeito em sua obra já citada. Nesses casos, o próprio meio se encarrega de estabelecer as diferenças. Os padrões de comportamento, os usos e costumes tornam-se diferentes dentro de uma mesma sociedade. Isso é suficiente para se saber que o conceito estético, o juízo de gosto da cidade difere sensivelmente daquele encontrado no interior ou no meio rural. Assim, não se pode esperar

---

32. Shils, Edward. "A sociedade e sua cultura". In: *Indústria da cultura*. Lisboa, Editora Meridiano, 1976.

33. Baudrillard, Jean. *O sistema dos objetos*. São Paulo, Editora Perspectiva, 1973, p. 188.

que os juízos de gosto, os valores estéticos de um habitante do meio urbano, condicionado pelo próprio estilo de vida, pelo número de informações que recebe, pela influência dos *mass media* etc., se assemelhe aos valores estéticos do homem da zona rural. É bem verdade que, hoje, o alcance dos veículos de comunicação de massa aproximou – até certo ponto – os meios rural e urbano. Mas não o suficiente para se confundir as condições de vida, normas e padrões de comportamento de uma e de outra região[34]. Não é nossa intenção, neste trabalho, analisar as conseqüências dessa "aproximação". Sabemos, no entanto, que ela traz consigo profundas mudanças, entre outras coisas, no plano cultural, onde efetivamente ocorrem as transformações dos valores estéticos. Talvez um exemplo disso seja o da música sertaneja. As mudanças estéticas por que passou são notórias[35]. *Estrada da vida,* filme de Nelson Pereira dos Santos, recentemente lançado no circuito comercial, corrobora nossas palavras. Nesse trabalho, o cineasta mostra precisamente as transformações da música sertaneja, desde as suas raízes até hoje, através da biografia da dupla Milionário e José Rico.

---

34. A literatura sobre esse assunto é particularmente vasta. Mas vale a pena destacar os trabalhos de Antônio Cândido. (Os *parceiros do Rio Bonito,* São Paulo, Livraria Duas Cidades, 1971), e de Roberto Weaver Shirley e *O fim de uma tradição,* São Paulo, Editora Perspectiva, 1971). Ambos tratam exatamente das transformações por que passaram, respectivamente, as cidades de Bofete e de Cunha, localizadas no interior do Estado de São Paulo.

35. Este assunto já foi trabalhado por José de Souza Martins, em *Capitalismo e tradicionalismo* (São Paulo, Livraria Pioneira Editora, 1975), e por nós, em *Acorde na Aurora.* (São Paulo, Editora Nacional, 1977). No entanto, parece-nos ainda uma questão não resolvida.

Aspectos Teóricos da Paraliteratura

A producão literária de autores brasileiros como Adelaide Carraro, Cassandra Rios, Joao F. de Lima, entre outros, ainda não recebeu – parece-nos – a devida atenção dos estudiosos da literatura e da sociologia no Brasil.

No caso da literatura, não sem motivo, certamente. Isto porque esses trabalhos, no plano da produção cultural brasileira, exigem fundamentalmente um estudo sociológico profundo onde possamos detectar sua importância ideológica.

Certamente, quanto à investigação do estilo, das formas lingüísticas, da sua densidade de significação enquanto obra literária, enfim, da própria estrutura do romance, não comportariam um estudo literário capaz de contribuir com qualquer outra coisa que não fosse a constatação de uma literatura, de um tipo de romance amoldado ao modelo linear[1]. Apenas para lembrar, Walter Scott, Alexandre Dumas, Paul Feval, entre outros, foram escritores cujas obras se enquadram nessa categoria romanesca.

A primeira questão com que o estudioso dessa parcela da produção cultural se depara é justamente a de determinar até onde ela é

---

1. A esse tipo de romance, como vimos anteriormente, Wolfgang Kayser, em *Análise e interpretação da obra literária, (Coimbra),* Livraria Martins Fontes Editora Ltda., 1976), chama de romance de ação ou de personagem. Ele se caracteriza principalmente pela linearidade da narrativa, obedecendo a uma seqüência clara de começo, meio e fim, dando livre curso a ação. A narrativa tem como objetivo o desenrolar de situações e fatos específicos, negligenciando os aspectos sociais e psicológicos envolvidos.

considerada literatura. Esta é uma parte da nossa tarefa. Da mesma forma, convém ainda prosseguir na análise sociológica para saber a que público ela se destina, qual a sua verdadeira importância no âmbito da produção cultural brasileira, enfim, esmiuçar os vários aspectos pertinentes à produção e ao consumo da obra.

Apesar de alguns teóricos já terem se preocupado com a extrema diversidade da produção literária, principalmente no tocante ao aspecto qualitativo, coube a Jean Tortel[2], parece-nos, a tarefa de tentar sistematizar o problema. No entanto, como se trata de um estudo inicial, seu trabalho apresenta alguns problemas inclusive de ordem teórica. Eles serão mencionados por nós ao longo deste capítulo.

Passemos, inicialmente, às discussões acerca das diferenças entre o literário e o não-literário. Em seu trabalho, "O que é a paraliteratura?", Jean Tortel vai nessa direção. Para ele, o termo paraliteratura objetiva, fundamentalmente, diferenciar a literatura de toda a produção reconhecidamente não-literária. E, mais do que isso, a finalidade desse novo conceito é também evitar o uso, de certo modo preconceituoso, de denominações como subliteratura, infraliteratura e pornoliteratura. Aliás, como observa o Autor – e Anazildo Vasconcelos da Silva o acompanha nesse raciocínio[3] –, essas expressões apresentam ainda a inconveniência de falsear o problema, hierarquizando uma relação, onde a literatura culta se lhe atribui a melhor posição em toda a produção literária.

---

2. Os trabalhos de Jean Tortel, "Quiest-ce que la paralittérature?", e "Le roman populaire" foram úteis no sentido de entendermos o que é o não-literário, bem como de situar melhor a produção de Adelaide Carraro. Além disso, devemos ainda destacar os trabalhos de Gérard Mendel, "Psychanalyse et paralittérature", de Yves Olivier Martin, "Sociologie du roman populaire" e de Jean-Noel Vuarnet, "Paralittérature et litterature dans compact de Maurice Roche". Os ensaios aqui citados constam da coletânea de Tortel, Jean et alii, *Entretiens sur la paralit*térature (Paris, Librairie Plon, 1970).

3. O trabalho de Anazildo Vasconcelos da Silva, "A paraliteratura" (In: *Teoria Literária*. Rio de Janeiro, Edições Tempo Brasileiro, 1979), está direcionado no sentido de propor uma teoria da paraliteratura.

É como se ela, justamente por ser a literatura produzida pelos cultos e a eles dirigida, devesse assumir a liderança e o destaque de ser a melhor coisa produzida em termos do que conhecemos no campo da escritura. Dispensaria, portanto, os prefixos "sub", "infra", "porno" etc., que dão, na verdade, conotação qualitativa à obra.

Assim, à subliteratura, infraliteratura e pornoliteratura sobrariam os lugares subalternos, mas ainda dentro do universo e do conceito daquilo que podemos entender como literatura. Estariam, portanto, ocupando o mesmo espaço literário, não apenas a chamada literatura culta, mas também todas as outras modalidades que compõem a produção cultural no plano da escritura. É precisamente o conjunto dessas questões preliminares que levou Jean Tortel a estabelecer a diferença entre a literatura e a paraliteratura.

A primeira coisa para o qual este crítico nos chama a atenção e no sentido de que não concebamos a *priori* a paraliteratura como "má" literatura, como uma literatura medíocre. Devemos entendê-la, em tese, como dotada de uma autonomia em relação à literatura culta, como universo distinto na produção da cultura. Só assim, e nessas condições, é que detectaríamos as premissas básicas e a própria lógica interna que regem a dinâmica e o desenvolvimento do discurso paraliterário.

Entendê-la no aspecto teórico, naquilo que ela tem de essencial e de *sui-generis*, já é um grande passo para a sua compreensão no plano do consumo e da configuração do seu próprio estatuto sociológico. Neste nível, portanto, a evidência segundo a qual uma obra é superior à outra, "tal obra é literatura e outra não" deixa lacunas no tocante àquela obra não reconhecida como literária.

Pensando nisso é que Jean Tortel propõe o conceito de paraliteratura: "... sublinhar-se que a paraliteratura é, com ou sem razão, uma espécie de reação a algumas formas, entre as mais acentuadas, da literatura. Ela se apresenta como um contrafogo, uma compensação ao extremismo literário, a inimiga da preciosidade ou do hermetismo. Para ela, o labirinto verbal torna-se uma via de comunicação aprisionada, na simplicidade, e na inocência do dizer; ou cujas armadilhas são então muito mais subterrâneas e invisíveis"[4].

Nesses termos, a paraliteratura caracteriza-se como um campo muito grande de interpretações. Não há nos autores que analisam essa questão (Blavier, Tortel, Oliver Martin, Vuarnet, A. Vasconcelos), nenhum critério, nenhuma preocupação em detectar o raio de ação da paraliteratura. Assim, ela abrangeria, indefinidamente, as letras, a propaganda, o romance policial, a história em quadrinhos, enfim, na verdade, toda aquela produção que alguns teóricos como Dwight MacDonald, por exemplo, preferem chamar de produtos da cultura de massa.

Rigorosamente, precisamos reconhecer que esse conceito de paraliteratura, apesar de elucidativo, de diferenciá-la, com certa clareza, da literatura, nos leva, por outro lado, em alguns momentos, a confundir cultura de massa com paraliteratura. Não sem motivos, certamente. É bem verdade que em momento algum o Autor tenta separá-las; mas, em contrapartida, também não fixa identidades entre um e outro produto. Sente-se que essa omissão nada mais é do que produto de uma certa insegurança sua quanto ao espaço a ser ocupado pela paraliteratura. Ele não se define e assim evita comprometimentos.

Não há, no entanto, como escapar às comparações entre a paraliteratura e a cultura de massa. Ora, se as histórias em quadrinhos, o jornal de modas e até mesmo a telenovela são pequenas partículas formadoras do grande universo paraliterário, qual então a diferença entre este universo e aquele que incorpora os chamados produtos da cultura de massa? Nenhuma, parece-nos. Além do mais, pode-se dizer, com certa segurança, que a paraliteratura (onde estariam inclusas as obras de Adelaide Carraro, Cassandra Rios, entre outros), a despeito da sua abrangência, é apenas uma das ramificações componentes do

---

4. Tortel, Jean. "Qu'est-ce que la paralittérature?". op. cit.. p. 19.

grande universo da chamada cultura de massa. Tanto a paraliteratura didática como a de imaginação. Voltaremos a falar de ambas.

Configuram-se, dessa forma, as dificuldades em se estabelecer as normas de conduta para o claro reconhecimento dos sistemas paraliterários. No universo da paraliteratura, não se apresentam mais do que alguns elementos já devidamente conhecidos por estudiosos da cultura de massa. Todo o esforço no sentido de criar sistemas paraliterários, de dar à paraliteratura uma autonomia de análise à parte da cultura de massa tornar-se-ia irrelevante.

Nesse sentido, não havendo a rigor uma teoria da paraliteratura, não tendo esta um estatuto próprio, deveríamos levar em conta os pressupostos teóricos da análise da cultura de massa. Nossa proposta se apóia nos elementos culturais que norteiam a paraliteratura e que efetivamente em nada diferem daqueles encontrados na cultura de massa. Da forma como se apresenta a questão, parece ser de ordem muito mais terminológica do que propriamente teórica. De acordo com as proposições de Jean Tortel, poderíamos concluir que as obras de Adelaide Carraro, tanto quanto toda a produção do "por no-romance", se enquadram na categoria da paraliteratura de imaginação. Mas é inegável, também, que as condições de produção, tanto de conteúdo da obra quanto de produção industrial, as técnicas de *marketing* (capas chamativas, com mulheres e homens seminus), enfim, a própria dinâmica que movimenta especificamente esta fatia do mercado editorial nos permitiriam afirmar que se trata de produtos da cultura de massa. Incluem-se, ainda, nas técnicas de *marketing,* o número de páginas do livro e o tema. Eles quase sempre são determinados pelo departamento comercial da editora. Livros grossos, de muitas páginas não vendem, atualmente, por dois motivos: primeiro, porque o leitor prefere um livro mais reduzido e, segundo, porque o preço interfere negativamente. É certo, que em alguns casos ocorre o contrário. Há leitores que só valorizam o livro de preço alto.

Dito isto, precisamos, então, ainda que de passagem, analisar a função da paraliteratura não apenas enquanto fenômeno social, mas também como parte integrante da cultura de massa. Antes, porém, tornam-se necessários alguns esclarecimentos até mesmo etimológicos do termo paraliteratura.

O prefixo para já prevê, por si só, certa ambigüidade na sua leitura, pois pode ser empregado tanto no sentido de proximidade (perto de, em torno de algo) como no de oposição (oposto a, contra algo). Neste último caso, a palavra contra, por sua vez, oferece também duplo sentido: o primeiro seria o de não aceitação de argumentos ou idéias contidos em algo ou definidos por alguém. Não é este, certamente, o sentido que Jean Tortel daria ao contra que se depreende da paraliteratura. Com ele, a palavra acaba por adquirir seu outro significado, isto é, a paraliteratura é colocada em proximidade com a literatura.

Assim, para ele, o termo contra deve ser tomado no sentido de ficar bem perto; dir-se-ia, quase colado, como se fosse ao encontro de algo. Pelo menos, essa é a intenção do autor: "Na medida em que se encontra perto da literatura, a paraliteratura toma-lhe emprestada sua aparência: seu sistema geral de expressão, a escritura e, no interior desta, sua forma material, o livro de todos os seus gêneros: contos, romances, teatro, peças versificadas, ensaios. Ela usa descrição e diálogo, métrica e rima, objetividade relacional e intervenção lírica" [5].

Por essas razões, a paraliteratura parece também assumir uma posição ambígua em relação à literatura. Em certos momentos, dá a impressão de se tratar de um "corpo estranho" à produção literária. Quando a comparamos com aquela literatura extremamente sofisticada (a literatura culta), a paraliteratura parece assumir uma posição estranha e alheia ao mundo da produção literária. E não seria exagero dizer que algum crítico mais purista chegaria até mesmo a considerá-la inconveniente, rasteira e incômoda, principalmente quanto à sua qualidade literária.

---

5. Tortel, Jean. Op. cit., p. 16.

Há casos, no entanto, em que a paraliteratura avizinha-se tanto da literatura que chega a nos dar a impressão de ser uma parte, um componente a mais da literatura. Aliás, a nossa reflexão sobre essas aparentes (ou até mesmo possíveis) dicotomias e identidades nasceu justamente do depoimento de Jean Paul Sartre sobre a obra de Michel Zevaco, uma espécie de mestre do romance popular de narrativa folhetinesca. Sartre não só o tinha em alto conceito como escritor, como também atribui a ele a principal influência recebida no início da sua produção literária.

Certamente esses dados não são suficientes para considerar a paraliteratura como parte integrante da literatura. Falar da admiração de Jean Paul Sartre pela obra de Michel Zevaco é muito diferente de querer, com isso, achar ou estabelecer identidades entre a literatura e a paraliteratura. E não é esta a preocupação determinante deste trabalho. De qualquer forma, não é uma informação a se subestimar.

É extremamente difícil e problemático estabelecer limites entre o literário e o que é convencionado como não-literário, ou seja, entre a literatura e a paraliteratura. E, quando se leva em conta as categorias do estético e do político, como as mais importantes para se determinar o valor literário da obra, aí, então, o problema se torna ainda mais complexo. Dito de outra maneira, fica difícil, tendo por parâmetro a lógica dos modelos literários (estamos pensando nas diversas tipologias do romance já discutidas por nós), e a partir da lógica estética interna da própria obra, determinar se ela é ou não literatura.

O problema será, então, estabelecer de modo coerente e satisfatório as diferenças entre o que é o que não é literatura. Isso não apenas no plano conceitual, teórico, mas também no plano concreto, real e prático. A permanência dessa falta de precisão parece-nos estar levando a se conceber a produção paraliterária como uma caricatura, ou, até mesmo como uma imitação mal-sucedida do trabalho literário. Essas condições (além de outras a serem discutidas) já seriam suficientes para se ter uma visão da paraliteratura assim como algo semelhante a "má literatura". Além disso, dessa situação ainda emerge um problema:

evidencia-se aqui a sua falta de autonomia e a conseqüente dependência da literatura culta.

A se pensar dessa forma, e indo mais longe, isso pode nos levar a considerar que a paraliteratura simplesmente não existe enquanto parte integrante do imenso universo da escritura. Mas não nos parece que aceitar essa afirmativa seria o procedimento mais correto. Ao contrário, devemos pensar justamente na sistematização científica da trajetória paraliterária, de tal forma que possamos encontrar diferenças significativas entre esta e a literatura.

Em resumo, o problema parece estar em resolver as questões metodológicas e constatar a verdadeira posição da paraliteratura no campo da escritura. E, mais que isso, a resolução deste impasse é também um grande passo para se estabelecer, com certa precisão, o estatuto sociológico dela. Só assim, e trabalhando com essas categorias, é que podemos pensar na autonomia da paraliteratura. Embora com algumas diferenças, nossas idéias caminham, de certo modo, na mesma direção das proposições de Jan Tortel. Discordamos, no entanto, quando o Autor nega a inserção da paraliteratura no universo da cultura de massa. Ser parte integrante desse universo não implica, necessariamente, a perda de autonomia. Ao usarmos o instrumental teórico da cultura de massa para analisar questões inerentes à paraliteratura, estamos apenas reconhecendo neste objeto de estudo uma produção e um consumo em larga escala. Isto, evidentemente, não tira sua autonomia enquanto fenômeno a mais a caracterizar toda a produção cultural. Se, por um lado, não resolve as questões metodológicas da paraliteratura, por outro, seguramente, não compromete sua autonomia. Não há nenhum prejuízo do rigor científico, se estudiosos tomarem emprestada a metodologia de análise da cultura de massa, da literatura, da sociologia etc., para analisar a paraliteratura. Este é o principal ponto de desacordo entre as nossas idéias e as de Tortel.

Em outro momento, o Autor analisa e refuta a questão da dependência entre literatura e paraliteratura. Ele se reporta a esta última propondo que "devemos, pelo contrário, procurar saber se ela tem suas próprias leis de expressão e de funcionamento. Em relação à paraliteratura, ela parece ser ao mesmo tempo um *ailleurs* e um *à côté*, o ponto de contato sendo provavelmente a retórica[6]".

De resto, a escolha do prefixo *para* no lugar de *infra* ou de *sub*, objetiva justamente eliminar a idéia de dependência ou de inferioridade que o uso destas últimas contém. Pode-se pensar, ainda, que na ambigüidade do prefixo para da qual falamos anteriormente, reside uma questão dialética. As expressões *próximo de* e *oposto a* podem significar a própria contradição que envolve toda a concepção da paraliteratura. No entanto, a nosso ver, essa contradição deve ser vista implícita na paraliteratura. É justamente trabalhando com esse novo dado que poderemos nos aproximar bastante de uma noção mais apurada e mais perfeita da paraliteratura, muito embora já saibamos que esta fez parte também do universo da cultura de massa.

Empenhado em contribuir para a criação de uma Teoria da Paraliteratura, Jean Tortel inicia essa etapa do seu trabalho propondo uma divisão formal da paraliteratura em suas respectivas áreas de ação. Temos, assim, de um lado, a *paraliteratura didática,* cuja natureza é informar, e, de outro, a *paraliteratura de imaginação*.

Compõem a paraliteratura didática todos os escritos de comunicação inter-individual, de características a-literárias ou até mesmo antiliterárias. A par disso, todos os escritos de paraliteratura didática possuiriam sua própria expressão paraliterária, sua própria retórica, seu estilo, enfim, os componentes capazes de personalizar a paraliteratura didática.

Embora isso não fique claro ao longo de todo o texto, o Autor entende que a paraliteratura didática consiste de mensagens comerciais, comunicados, avisos, editais, filipetas, pareceres, enfim, toda aquela quantidade numerosíssima de publicações de caráter meramente informati-

---

6. Tortel. Jean. Op. cit.. p. 16.

vo. Discutir certos aspectos desta classificação trará, seguramente, alguns esclarecimentos sobre o método geral usado pelo Autor para chegar até aqui. Além do mais, tal discussão nos permitirá analisar um certo número de problemas colocados inicialmente no próprio objeto da teoria e, num segundo momento, na transposição das técnicas de descrição do objeto da paraliteratura didática. Por exemplo, no transcorrer de toda a sua discussão, o Autor não menciona em momento algum – já nem estamos pensando em análise –, a importância do universo de coisas que compõem a paraliteratura didática. O mesmo acontece com a paraliteratura de imaginação.

De qualquer forma, essas discussões preliminares levamos a visualizar melhor um modelo de classificação da paraliteratura como um todo e da paraliteratura didática em particular. Isto nos alerta, pelo menos em parte, para o mau uso – ou para o uso indevido – das categorias da paraliteratura didática no cotidiano.

Lembremos, ainda que essas categorias, apesar de constantemente usadas, nos deixam no desconhecimento quanto à sua eficácia, ao ser tomada para servir de instrumento ideológico em qualquer situação. Parece-nos que isso torna mais pertinente nossa preocupação quanto ao uso ideológico da paraliteratura didática. Conhecer seus pressupostos teóricos, a especificidade do seu discurso, seus componentes a-literários e antiliterários não é o suficiente. É necessário, ainda, saber sua função social, o seu grau de envolvimento e de compromisso com o discurso do dia-a-dia.

É por aí, certamente, que deve enveredar o trabalho do sociólogo interessado na paraliteratura didática, ou seja, em toda aquela produção sem preocupações literárias específicas mas que possui individualmente (cada um dos escritos), seu estilo, sua maneira própria de expressão.

Queremos, agora, retomar a discussão sobre a abrangência da paraliteratura, uma vez que há ainda dois aspectos a serem analisados. O primeiro exige uma resposta para a seguinte pergunta: a que pode visar uma análise sociológica da paraliteratura? Se o objetivo é apreender a relação entre a ideologia e a forma, da maneira como se configura no discurso cotidiano, aí então a discussão será do maior interesse. Isto nos forneceria subsídios para detectar a real importância social e política da paraliteratura didática e até mesmo estabelecer, com certa margem de segurança, o seu estatuto sociológico.

Pode-se, pois, dizer que a questão do estatuto sociológico da paraliteratura reside precisamente na extrema facilidade de penetração dessa modalidade no consumo. Acessível a todas as categorias sociais, a paraliteratura didática, através do discurso formal ou informal e, ainda, tendo como principal objetivo a informação, constitui-se facilmente, por esses motivos, num eficiente instrumento ideológico.

Por estas razões, mas também porque a estratificação social, a mobilidade e as aspirações não são obstáculos à penetração da paraliteratura, e que devemos levar muito a sério sua eficácia ideológica. Assim, o indivíduo e seu grupo social estarão, a todo instante, expostos a ideologias que, de certo modo, vão influenciar seu comportamento em sociedade e sua própria visão do mundo. Para isso, a contribuição da paraliteratura didática é da maior importância. Tanto os canais legais de informação (a posição oficial do Estado diante dos fatos sociais e políticos) quanto os oficiosos (veículos de comunicação) vão, entre outras coisas, ajudar a formar a visão de mundo do homem em sociedade. E nisso, a nosso ver, que se fundamenta a verdadeira importância social da paraliteratura didática. Sua força é muito maior do que mostra a aparência.

O segundo aspecto que envolve o conceito de paraliteratura didática diz respeito à sua abrangência. Todos os escritos que têm caráter informativo pertencem, segundo Jean Tortel, a essa categoria. Neste caso, podemos incluir os veículos de comunicação de massa, pelo menos os que trabalham diretamente com a informação, como jornais, seminários, enfim, aqueles cuja matéria-prima é a notícia. Aliás, da forma como situamos a questão anteriormente, todos os veículos de comunicação (não apenas os que trabalham com a informação) estariam inclusos na paraliteratura didática. Nesses termos, teríamos, nesta categoria, desde um prospecto de propaganda que recebemos na rua, passando pela promulgação de uma lei, até a notícia publicada num jornal. Por aí, nota-se a grande abrangência dessa categoria paraliterária, e que ela constitui ainda uma questão aberta, dependente de muita discussão, e cujas técnicas requerem análise mais acurada.

O outro tipo de paraliteratura, segundo Jean Tortel, é a paraliteratura de imaginação. Esta é a modalidade que nos interessa mais de perto, pois nela estariam inclusas as obras de Adelaide Carraro e Cassandra Rios. Sua principal característica reside precisamente no poder de fascinação que exerce a partir da sua linguagem a mais esquemática e sumária possível. Usando recursos menores, no tocante ao estilo, linguagem, tensão verbal, esta categoria literária representa muito bem o que é a linguagem de "má literatura"[7].

Interessa-nos, neste momento, o discurso da paraliteratura de imaginação. Ele constitui uma forma de interpretação do mundo, estabelecendo não propriamente uma contradição entre a linguagem reconhecida como literária e não-literária, mas tão-somente as diferenças entre a literatura culta e a paraliteratura entendida como tal. Tratar-se-á, então, não só de entendê-lo à luz de uma análise estrutural, como de interpretá-lo em termos da lógica social, das suas contradições e das próprias condições em que foi produzido. Reside aqui, certamente, a fascinação que se depreende da narrativa paraliterária.

São esses atributos, aliados à fluidez do seu estilo, que marcam fortemente a presença da paraliteratura de imaginação inclusive como

---

7. As aspas na palavra "má" foram colocadas por Jean Tortel. (Ver seu trabalho já citado, p. 38). Aliás, François Le Lionais deixa claro, ao debater a comunicação de Tortel no Congresso de Literatura, que o Autor não tinha nenhuma intenção de estabelecer diferenças qualitativas: "Não creio que Tortel tenha feito uma distinção entre boa e má literatura. Ele precisou, ao contrário, que não fazia nenhum julgamento de valor". (Le Lionais, François. *Entretiens sur la paralittérature*. Paris, Plon, 1970, p. 26l) Ficam, de qualquer forma, registradas as suas hesitações nesse ponto importante.

produto cultural destinado ao consumo de massa. Considerando a abrangência do termo paraliteratura, vemos que o folhetim, o romance popular e a própria literatura de massa dos nossos dias são expressões estreitamente ligadas a ele.

Destinada a atender à demanda de uma respeitável faixa do mercado editorial, a paraliteratura de imaginação mantém uma forma romancesca consagrada desde a época do período romântico ou heróico do romance popular (também conhecido por "fothetim-romance" quando ainda era publicado em pés de páginas de jornais do século XIX) até os dias de hoje.

O Romance Paraliterário: Um Romance Linear

De qualquer forma, a narrativa que caracteriza o romance popular, desde os trabalhos de Fréderic Soulié, entre eles *Memórias do Diabo* (1835), passando pelos importantes títulos de Eugène Sue, entre eles, *Os mistérios de Paris* (1842), *O judeu errante* (1844), permanece fundamentalmente a mesma.

Diversamente da literatura culta, a paraliteratura adequa-se muito bem às formas do romance de ação cuja característica principal é a linearidade. A narrativa mantém uma dinâmica onde os aspectos sociais e psicológicos das personagens são deixados de lado ou relegados a um plano secundário. Isto se observa em grande parte dos romances populares do século XIX, como *os Mistérios* de *Londres,* de Paul Féval, *os mohicanos* de *Paris* de Alexandre Dumas etc. e, até hoje, com certeza, nos romances do norte-americano Harold Robbins, bem como nos de Adelaide Carraro e Cassandra Rios, por exemplo. Trata-se, sem dúvida, das características do romance fechado, onde se encaixa muito bem toda a produção paraliterária e, principalmente, a "pornoliteratura". Estamos nos referindo àquelas obras vendidas nas grandes livrarias da avenida São João e adjacências, bem como nas bancas de jornais.

Diferente do romance aberto, onde o autor não elucida ao leitor o destino final das suas personagens (o que, aliás, permite diversas leituras interpretavas do romance), o romance fechado determina a sorte de todas as personagens e os últimos acontecimentos da diegese romanesca. Concebido a *priori* como uma narrativa que deve ter início, meio e fim bem delineados, o romance fechado apresenta sempre, como diz Aguiar e Silva, "um breve capítulo final em que o autor, em atitude retrospectiva informa resumidamente ao leitor acerca do destino das personagens mais relevantes do romance"[8]. E foi precisamente pensando nesse leitor e no romance fechado que Henry James escreveu: "... o fim de um romance é para muitas pessoas semelhantes ao de um bom jantar, um prato de sobremesa e gelados ..."[9].

No livro de Adelaide Carraro, *Submundo da sociedade* (1978), encontramos todos os ingredientes característicos do romance fechado. Além de se enquadrar na clássica estrutura do romance linear, no capítulo final, "Alta classe", a Autora determina, com muita clareza, o destino de cada uma das personagens. Cristina, a milionária, prossegue seu romance com Lucas. Zé, o vigia, morre na condição de ladrão e as demais personagens (todos empregados de Cristina) permanecem na mesma situação, desde o início do romance. Voltaremos, mais adiante, a analisar este livro de Adelaide Carraro. Ele nos interessa, aqui, como fiel exemplo de um romance fechado que aprofunda os traços característicos da paraliteratura.

Utilizando estruturas recorrentes (de expressões clicherizadas) e a linearidade, como vimos no romance fechado e no exemplo retirado de Adelaide Carraro, *Submundo da sociedade,* a paraliteratura de imaginação trabalha a narrativa deixando de lado a tensão verbal e tudo aquilo que, na verdade, implica ação da literatura. Estas conclusões nos levam

---

8. Silva, Vitor Manuel Aguiar e. *Teoria da Literatura,* Coimbra. Livraria Almedina, 1979, p. 305.

9. James, Henry. "The art of fiction". In: Allen, Gay Wilson e Clark, Harry Hayden (orgs.). *Literary criticism. Pope to Croce.* Detroit, Wayne State University Press, 1962, p. 546

a pensar num outro problema: a necessidade de uma Teoria da Paraliteratura. Como sabemos, é considerável sua importância sociológica. Entre outras coisas, claro, pelo seu largo consumo. Por isso mesmo, precisamos pensar no seu estatuto sociológico e ao mesmo tempo nos seus pressupostos teóricos.

Da mesma forma que todos os produtos da cultura de massa, a paraliteratura sofre sérias restrições quanto a sua qualidade estética. Não obstante todos os cuidados e precauções dos teóricos até mesmo na escolha de uma palavra (paraliteratura) designativa, o fato é que a distinção hierarquizante entre esta e a literatura culta fica, até com certa clareza, caracterizada. E, neste ponto, os estudiosos se dividem. Enquanto uns se esforçam para evitá-la, outros, ao contrário, procuram exatamente reafirmá-la.

Se essa diferença não é vista em todos os níveis, pelo menos é fácil perceber a defasagem de uma e outra obra no plano estético, ou seja, nítida hierarquia estética em cujo pico está, evidentemente, a literatura culta. O que de todo modo se depreende é que, num certo momento, os teóricos esbarram numa questão difícil de se resolver. Apesar de todo o esforço intelectual para não se fazer a distinção entre literatura e paraliteratura, chega um momento em que essa postura não se sustenta. Por mais sensata e cautelosa que seja, recair-se-á, invariavelmente, na discussão dos valores estéticos de cada uma. No plano empírico, pode-se até abstraí-los sem qualquer prejuízo; mas, quando se trata da discussão teórica da literatura, se, então, não há como prescindir deles. É nesse momento que literatura e paraliteratura serão devidamente analisadas e suas diferenças serão constatadas.

Nesse momento, muitas vezes por assumir a causa da literatura culta (com a qual aliás, normalmente se identifica) o teórico passa a justificar a diferença que inevitavelmente encontra. E o elemento central dessa justificativa não é outro senão o estético, muitas vezes convincente e plenamente aceitável. Outras vezes, porém, a explicação se perde no vazio por falta de maior objetividade e de suporte teórico mais firme, que ajude a elucidar a questão.

Desse modo, a idéia de Jean Tortel de manter a literatura e a paraliteratura como dois valores distintos, torna-se, a partir de agora, problemática. Não o seria, se, para avaliarmos a paraliteratura, não tomássemos como base a literatura. Mas isso não ocorre. A base dessa avaliação estética, da análise da obra paraliterária, é toda ela feita com o instrumental teórico da literatura. E não poderia ser de outra forma, uma vez que a noção de paraliteratura não possui ainda um instrumental teórico e um tipo de discurso próprios, e não se constitui como um objeto de estudo específico, como é o caso da literatura. Falta a noção de paraliteratura, entre outras coisas, principalmente, a sua definição clara e objetiva como objeto de estudo. Aliás, na própria literatura ainda encontramos algumas pequenas questões a esse respeito. De toda forma, só com a resolução do problema acima podemos pensar em definir a especificidade da paraliteratura e até mesmo detectar o seu grau de autonomia em relação à literatura oficial. Enquanto permanecer essa questão, a paraliteratura não terá, supomos, seu próprio instrumental teórico de análise. Todas as tentativas de análise da produção paraliterária ficarão, então, por conta de outras disciplinas como a Antropologia Social, a Psicologia Social, a Teoria de Comunicação, a Sociologia, além da própria Literatura, com a qual se confunde de forma quase inextricável.

Muniz Sodré percebeu muito bem este problema. Analisando a técnica do romance-folhetim usada por Alexandre Dumas, ele se vale de Antônio Cândido[10] para mostrar que "é freqüentemente discutível a distinção entre o texto folhetinesco e o texto 'culto'. É o caso de *O Conde de Monte Cristo,* que, para o crítico Antônio Cândido, se constitui num dos romances que melhor exprimem certas características fundamentais do romantismo[11]".

---

10. O trabalho de Antônio Cândido utilizado por Muniz Sodré, intitula-se "Monte Cristo ou da Vingança" (In: *Cadernos de Cultura do Ministério da Educação e Saúde.* Serviço de Documentação, 1952). Ampliado posteriormente, ele foi reeditado em Tese e antítese. São Paulo, (Cia. Editora Nacional, 1978).

11. Sodré, Muniz. *Teoria da Literatura de Massa,* Rio de Janeiro, Edições Tempo Brasileiro, 1978, p. 80-1.

Cabe-nos aqui, ainda que de passagem, assinalar duas questões importantes: a primeira é que o romantismo, visto como literatura "culta", só tem sentido hoje. Na época de expressão dessa escola literária, da própria produção cultural romântica, não se podia saber se mais tarde os críticos literários iriam atribuir-lhe o estatuto de literatura culta. Aliás, o romantismo, como demonstra Alfredo Bosi, despertou indistintamente grande interesse entre os leitores cultos e semicultos[12]. Apesar disso, o período romântico não é visto como dos mais expressivos.

A segunda observação diz respeito à obra de Alexandre Dumas. Embora polêmica (considerada dramalhão por alguns críticos), ela se enquadra na categoria dos romances de ficção histórica que mais marcaram o romantismo. Este exemplo, aliás nos dá bons subsídios para se constatar a extrema dificuldade com que o estudioso da literatura depara, no momento de separar seu objeto de estudo da paraliteratura ou vice-versa.

Assim, voltamos àquela discussão sobre a imprescindibilidade de se definir melhor paraliteratura no quadro geral da escritura. É preciso estudá-la enquanto produção cultural com um tipo particular de discurso, sem estar necessariamente atrelada e dependente do discurso literário.

Em face da importância do assunto, somos favoráveis a que o estudo da paraliteratura, antes de ser centrado no objeto da literatura, deve ser visto a partir das suas próprias condições de produção. Deve-

---

12. No livro *História concisa da Literatura Brasileira* (São Paulo, Editora Cultrix, 1977), Alfredo Bosi fez a seguinte referência ao romantismo: 'O romance foi, a partir do Romantismo, um excelente índice dos interesses da sociedade culta e semiculta do Ocidente. A sua relevância no século XIX se compararia, hoje, a do cinema e da televisão" (p.106). Mais adiante, o Autor ainda acrescenta: "O romance romântico dirige-se a um público mais vasto, que abrange os jovens, as mulheres e muitos semiletrados; essa ampliação na faixa dos leitores não poderia condizer com uma linguagem finalmente elaborada nem com veleidades de pensamento crítico: há o fatal 'nivelamento por baixo' que sela toda subcultura nas épocas em que o sistema social divide *a priori os* homens entre os que podem e os que não podem receber instrução acadêmica" (p.112).

mos nos empenhar em saber quais os fatores de influência na formação do seu discurso, bem como colocar em relevo os principais elementos que compõem sua lógica interna. Sabemos que, em se tratando de uma produção cultural destinada ao consumo em larga escala (uma herança que vem do século XIX com o romance-folhetim em escala industrial[13], portanto, de uma literatura de massa, há diversas implicações a se ponderar. A primeira diz respeito ao talento, à criatividade do autor e ao mercado para o qual se dirige sua obra.

Consciente do grau de informação do seu público leitor, o autor de romances paraliterários precisa tomar algumas decisões importantes em seu trabalho. Para manter seu prestígio no mercado, ele depara com um sério problema, cuja solução exige uma revisão não apenas do seu trabalho enquanto escritor, mas também das posições políticas vazadas no conteúdo dos seus livros. Além disso, não se pode subestimar a significação ideológica do seu discurso. Se a sua manipulação é intencional ou não aí já temos um outro problema. Seja como for, isto não anula nem atenua o efeito externo dos escritos paraliterários. Voltaremos a esta discussão, quando analisarmos a obra de Adelaide Carraro.

À Margem da História Literária

Acusado de perversor do gosto, de apologeta do mau-gosto, de usar a retórica vulgar como principal instrumento de trabalho, o escritor da paraliteratura de imaginação, produtor de *best-sellers,* romances policiais, pornográficos, sentimentais, de terror etc., vê hoje (aliás,

---

13. Rigorosamente, é a partir de 1850, com o declínio dos folhetos e a ascensão do folhetim que vamos ter uma literatura popular produzida e consumida nos principais centros europeus. Com a grande tiragem, o romance-folhetim *[feuilleton-roman)* passa a ser vendido a preços baixos, facilitando sua popularização, principalmente porque seu esquema de publicação era nos pés de página dos jornais da época.

como sempre), seu trabalho recusado pela história oficial da literatura. Há nessa recusa, segundo nos parece, uma evidência do forte componente elitista que leva os teóricos até mesmo a omitirem-se de conhecer este tipo de produção cultural.

Mas, como se pode observar, partindo da necessidade de agradar o público, passando pelas imposições de mercado, até chegar à questão das técnicas de marketing, a paraliteratura foi se adaptando a novas situações e, evidentemente, lançando mão de novos temas. No entanto, os fatores acima, todos eles externos à produção da obra, levaram o escritor da paraliteratura de imaginação (Muniz Sodré prefere chamar de literatura de massa) a criar um modelo padrão de romance, que contém todos os ingredientes de aceitação do grande público. Está assim, nesta estrutura de romance, a "fórmula do sucesso" desse tipo de produção cultural.

Certamente, a ausência da tensão verbal (melhor trabalho estilístico da linguagem), a redundância temática, a linearidade do discurso, a carência de criatividade, os esquemas prontos de sentimentalização etc., todos esses elementos fazem da paraliteratura de imaginação um discurso não-literário.

Utilizando com muita habilidade a retórica, o autor de romances paraliterários abarca, com certa facilidade (o modelo já esta pronto), um grande número de leitores. Sua comunicação é feita em cima de emoções, sentimentos e sensações, levando ao seu público momentos de profundo interesse pela leitura de entretenimento. Mas é precisamente usando este arranjo simplista e de fácil interpretação popular que homens reconhecidamente talentosos como Eugène Sue, Alexandre Dumas, Paul Féval, Ponson du Terrail, entre tantos outros, fizeram de seus escritos (os dramalhões, as novelas ultra-românticas etc.) a grande sensação popular da Europa do século XIX no campo das letras.

Da mesma forma, hoje no Brasil (com certeza esse fenômeno não ocorre só aqui) o grande público prefere muitas vezes Adelaide Carraro, Cassandra Rios, Brigitt Bijou, Márcia Fagundes Varela etc., a

Dalton Trevisan, Guimarães Rosa ou Machado de Assis. A literatura popularesca (a nomenclatura nesse caso é muito menos importante do que o fenômeno em si) e sistematicamente excluída dos currículos das instituiçõess escolares do Brasil. Ignora-se, intencionalmente, ao que parece, a sua importância enquanto discurso literário ou paraliterário, apenas e tão-somente por ser considerado, a *priori,* um trabalho de qualidade inferior.

Assim, também, tem-se subestimado a sua importância no plano social. Se grande parte do público lê as obras de Adelaide Carraro e a tem como grande conselheira e orientadora dos problemas sexuais, enfim, como uma mulher instruída, que "enxerga" mais do que a média das pessoas, o problema ganha outra dimensão que não apenas a finalidade estética. Não é, com certeza, o baixo nível estético da obra o elemento determinante na compra e no sucesso de Adelaide Carraro e demais escritores da paraliteratura de imaginação. De qualquer forma, esse é um aspecto que requer bastante reflexão.

Se o discurso da mesmice, da retórica redundante e a constância de uma mesma estrutura narrativa são os componentes marcantes da paraliteratura, há que se pensar, então, no por quê de tanto sucesso nas vendas. Atribuir-se tudo isso a desinformação do leitor seria reduzir a importância do problema. Sem dúvida, estamos diante de uma questão de grande interesse sociológico. Não seria através da análise de texto, apenas, que chegaríamos a um resultado satisfatório. Este trabalho será de grande valia, mas utilizando basicamente a análise sociológica, como elemento de reforço, os resultados seriam muito mais preciosos.

Assim, embora a paraliteratura não tenha ainda, segundo Jean Tortel e Anazildo Vasconcelos[14], sua especificidade e autonomia, nota-se que

---

14. O trabalho de Anazildo Vasconcelos da Silva se propõe uma discussão teórica da paraliteratura. A rigor, o Autor analisa o trabalho de Jean Tortel, procurando justamente detectar o objeto paraliterário. ("A paraliteratura". In: *Teoria Literária.* Rio de Janeiro, Edições Tempo Brasileiro, 1979).

o objeto de estudo nela visível possui profundas identidades com o objeto da análise da Sociologia. Tudo indica que ela está realmente mais para a análise sociológica do que propriamente para a literária. Se bem analisarmos, por sinal, constataremos que não há diferenças básicas entre a paraliteratura de imaginação e a literatura de massa, esta última, na verdade, uma produção cultural plenamente possível de constituir objeto de estudo da Sociologia da Comunicação.

Se, portanto, na lógica das suas formas, a paraliteratura de imaginação e a literatura de massa apresentam a mesma verdade, o mesmo tipo de leitor, veiculam a mesma ideologia, nada impede, portanto, de chamá-la indistintamente de paraliteratura de imaginação ou de literatura de massa. Isso já não seria possível se pensássemos em termos da paraliteratura como um todo, ou seja, se não diferenciássemos o objeto da paraliteratura didática (extremamente abrangente e impreciso como já mostramos) do da paraliteratura de imaginação. Mas, como nosso objetivo é essencialmente a narrativa romanesca, nada impede que consideremos esta última também como literatura de massa. A nossa opção por esses termos, não pretende, naturalmente, identificar nossas próprias conclusões sobre o fenômeno. Trata-se, isto sim, de usá-los indistintamente (tanto paraliteratura de imaginação como literatura de massa), uma vez que ambos indicam uma produção cultural no campo da escritura destinada ao consumo em larga escala.

No entanto, é fácil compreender que, para se discutir as questões da literatura não podemos pensar num conceito do que ela seja. É indispensável entendê-la, também, no plano da sua significação ideológica, dos seus efeitos e, sobretudo, da sua posição no universo de produção cultural. Precisamos, por isso, acrescentar algo mais preciso: como se desenvolvem as relações entre a literatura e a ideologia, e como defini-las?

Neste domínio, a bibliografia é particularmente vasta e, torna-se mais difícil o domínio das diversas opiniões sobre o assunto. De qualquer forma, teóricos como Claude Prevost, Raymond Williams, Terry

Eagleton, Étienne Balibar e Pierre Macherey[15], apenas para citar alguns, mantêm quase as mesmas opiniões sobre o assunto.

Por diferentes caminhos, os autores chegam a um ponto comum, reconhecendo que as relações entre a literatura e ideologia são um problema ainda não resolvido, permanecendo obscuro, mal definido em si mesmo e, conseqüentemente, de difícil solução. A partir disso, torna-se necessário termos bem claras as noções de ideologia e de literatura.

Discutindo o sentido de ideologia em Marx e Engels, Claude Prevost conclui que a melhor concepção de ideologia é encontrada no marxismo amadurecido (onde se inclui não apenas Marx e Engels, mas também Lênin). Assim, a ideologia não deve ser concebida somente como sistema de idéias, expressão espontânea de uma classe e de seu comportamento social, mas como um "conjunto estruturado de imagem, de representações, de mitos, determinando certos tipos de compromisso, de prática, de hábito, e funcionando como um verdadeiro 'inconsciente'"[16].

Em Lucien Goldmann, no trabalho *Dialética e cultura*, essa concepção de ideologia é chamada de "visão do mundo". As bases do conceito de Prevost estão contidas na concepção de Louis Althusser, em sua análise da função dos aparelhos ideológicos do Estado[17], na qual afirma que estes funcionam justamente pela ideologia. Althusser recusa-se a aceitar o conceito de ideologia proposto por Marx e Engels, em *A ideologia alemã*, e justifica por quê. Seus argumentos partem do pressu-

---

15. Em função do estudo por nós realizado sobre a relação literária –ideologia, outros autores foram consultados e serão mencionados oportunamente no decorrer deste trabalho. As obras referenciais dos acima citados são as seguintes: Prevost, Claude. *Litterature, politique, ideologie*. Paris, Editions Sociales, 1973; Eagleton, Terry. *Marxism and literary cristicism*. Londres, Methuen, 1976; Balibar, Etienne e Macherey, Pierre. *Literatura, significação e ideologia*. Lisboa, Arcádia, 1976 e Williams, Raymond. *Marxismo e literatura*. Rio de Janeiro, Zahar, 1979.

16. Prévost, Claude. Op. cit., p. 173-4.

17. Althusser, Louis. *Ideologia e aparelhos ideológicos do Estado*. Lisboa, Editorial Presença, 1978, p. 75.

posto de que, em última instância, essa concepção de ideologia repousa numa visão claramente positivista. Aliás, o pensador francês chega mesmo a comparar o estatuto teórico desse conceito (pautado na "construção imaginária") àquele encontrado nas análises do sonho realizadas por autores pré-freudianos. Para estes estudiosos, os sonhos eram simplesmente o resultado dos acontecimentos do dia ("resíduos diurnos") não se poderia detectar qualquer critério de ordem. O sonho aparece como o imaginário vazio e constituído de pequenas arbitrariedades formadas casualmente, portanto, sem maior importância.

Segundo a interpretação de Althusser, Marx concebe a ideologia como "uma construção imaginária, um puro sonho, vazio e vão, construído pelos 'resíduos diurnos' da única realidade plena e positiva, a da história concreta dos indivíduos concretos, materiais, produzindo materialmente a sua existência"[18].

O questionamento que Althusser fez do conceito de ideologia em Marx e Engels não fica só nisso. Ele não aceita a idéia de que a ideologia não tenha história. Aceita, isto sim, a idéia de que ela não tenha história própria. Valendo-se da teoria do inconsciente em Freud (para quem o inconsciente é eterno e, portanto, não tem história), Althusser argumenta que ser eterno não significa transcender a História. Ao contrário, incorpora-se na concepção de algo "trans-histórico". Desse modo, devemos entender a ideologia (pelo menos na concepção de Althusser) como algo que caminha paralelamente à História. Procurando uma justificativa teórica para suas afirmações, o pensador francês se aproxima ainda mais de Freud, dizendo que "a ideologia é eterna como o inconsciente"[19]. Assim, a eternidade do inconsciente estaria estreitamente ligada à eternidade da ideologia em geral.

Inspirado na "teoria do inconsciente em geral", de Freud, Althusser idealiza e propõe a sua "teoria da ideologia em geral". Para ele, então,

---

18. Idem, p 73.

19. Idem, p. 73.

a ideologia passa a ser "o sistema das idéias, das representações que domina o espírito de um homem ou de um grupo social"[20]. Este conceito tem como base a constatação de que a ideologia tem, em certas ocasiões, a função precípua de garantir, via aparelhos ideológicos do Estado, a reprodução sistemática das relações de produção. Os aparelhos ideológicos do Estado devem ser concebidos como instituições especializadas cujo objetivo é o de assegurar o pleno funcionamento da ideologia do Estado. Não devem, no entanto, ser confundidos com os aparelhos repressivos de Estado, ou seja: a administração, as prisões, a polícia, os tribunais etc. Enquanto aqueles funcionam pela ideologia, estes últimos funcionam pela violência (nem sempre caracterizada pela agressão física). É o caso, por exemplo, do aparelho repressivo administrativo que pode usar a burocracia como forma de repressão. Franz Kafka em *O Processo*, deixa bem claro o caráter repressivo do aparelho burocrático do Estado: apesar de todo esforço, Josef K não consegue provar sua inocência. A máquina burocrática do Estado o massacra inapelavelmente, justamente obstruindo seu trabalho à procura de provas da sua inocência. E se pensarmos bem, esse exemplo pode ser extensivo a qualquer um dos aparelhos, seja ele repressivo ou ideológico.

Certamente pensando nisso, Althusser reconhece que não há uma separação rigorosa entre os aparelhos ideológicos e os aparelhos repressivos do Estado. Para o Autor, ambos podem funcionar ao mesmo tempo pela violência e pela ideologia. O que deve ser observado, no entanto, é que os aparelhos repressivos do Estado funcionam primeiramente pela repressão física e, em segundo lugar, pela ideologia. No caso dos aparelhos ideológicos do Estado, a situação se repete, mas de forma inversa. A nosso ver, o momento histórico, a situação política do país é que efetivamente vão determinar a utilização "invertida" dos aparelhos ideológicos do Estado. Sem dúvida, foi esta (e de certo modo continua sendo) a situação vivida no Brasil nos últimos vinte e um anos.

---

20. Althusser, Louis. Op. cit.. p. 69.

A produção cultural brasileira recebeu, nesse anos, por parte do Estado, uma extrema vigilância, uma minuciosa "filtragem" quanto àquilo que deveria se tornar do conhecimento público. Do teatro à literatura, passando pelas artes plásticas, o cinema, todas as formas de manifestação cultural passaram, como ainda passam, pelo crivo censor do Estado. Em 1968, por exemplo, a censura fechou o 4.° Salão de Arte Moderna, em Brasília, por causa do trabalho de Claudio Tozzi, intitulado *Guevara, vivo ou morto*. E, recentemente, o filme *Pra Frente Brasil* foi proibido em nosso país.

Nesses termos, o aparelho ideológico cultural do Estado, acossado pela marcante presença da censura (na verdade, um dos seus componentes) passa, através do seu produtor (o autor da obra), a criar a autocensura, cerceando (o que se traduz em repressão) a liberdade de criação cultural. Mesmo assim, permanecem alguns pontos de resistência, como a imprensa alternativa e outras modalidades que não se comunicam diretamente com as bases da sociedade. Por outro lado, a presença desses focos, para quem observa o problema apenas superficialmente, dá até um caráter de legalidade e de democracia, camuflando, em parte, um estado de repressão cultural imposto pelo Estado. De qualquer forma, tem sido esta a tônica dominante da ação do Estado sobre a cultura no Brasil.

Após apontar a função geral dos aparelhos ideológicos do Estado, Althusser passa a enumerá-los e a elaborar uma discussão sobre a especificidade de cada um deles. Assim, temos os aparelhos ideológicos do Estado familiar, jurídico; religioso, escolar (escolas públicas e privadas), político (composto pelo sistema político onde se incluem os diversos partidos), sindical, da informação (composto pela imprensa escrita, falada, televisada e as diferentes formas de comunicação de massa) e cultural, onde se encaixam o esporte, as artes, as letras etc.

Outros aspectos significativos devem ser discutidos quanto à importância dos aparelhos ideológicos do Estado. E, de início, cabe uma pergunta: como eles funcionam efetivamente na sociedade? Apesar da diversidade e de, por isso mesmo, possuírem funções difusas, os aparelhos ideológicos do Estado se intercruzam, num certo momento, todos eles à procura de um mesmo resultado: o das relações de exploração capitalista. De fato, cada um desses aparelhos, à sua maneira, colabora para um resultado único, que não é outro senão a reprodução das relações de produção. Se vistos isoladamente, a eficácia desses aparelhos aparece, evidentemente, fraca e fracionada, dando-nos a impressão de que a ideologia do Estado é frágil, dividida e heterogênea.

Mas, se o observarmos como um sistema compacto, verificaremos que o funcionamento sincrônico, harmônico dá perfeita homogeneidade aos aparelhos ideológicos do Estado. E quanto maior for a organização e a homogeneização desses aparelhos tanto melhor será a reprodução da ideologia do Estado. Althusser nos alerta, justamente, para a função desses aparelhos. Os aparelhos de informações, por exemplo, usando os veículos de comunicação de massa para incutir no cidadão as idéias nacionalistas, o moralismo, o liberalismo etc.

Da mesma forma, o aparelho cultural (de que trataremos especificamente, no momento oportuno, ao longo deste trabalho) aparece como porta-voz consciente da xenofobia e do chauvinismo através do esporte ou de qualquer outra possibilidade. Olhando por esse prisma, os aparelhos ideológicos do Estado, além de terem como tarefa principal a reprodução, das relações de produção (o que significa, em outros termos, a reprodução da ideologia capitalista), apresentam ainda um aspecto de relevante importância. Os valores que defendem implicitam a idéia da estratégia de classe. Esta se organiza em função da posse de bens materiais e culturais. Se considerarmos que a classe dominante detém o poder de Estado, via monopólio dos aparelhos repressivos e ideológicos do Estado, fica fácil entender que a sociedade será organizada em função principalmente dos seus interesses específicos.

É a partir destes princípios e do binômio classes sociais/consumo que Jean Baudrillard explicita muito bem a questão: "Não se finge universalizar os valores e critérios de consumo senão para melhor assinalar as classes 'irresponsáveis' – sem poder de decisão – ao consumo e daí para preservar às classes dirigentes a exclusividade de seus poderes"[21].

De fato, nessa idéia de estratificação do consumo, está contida a própria relação de poder. Acreditamos, no entanto, ter fortes razões para afirmar que por trás desse poder está, precisamente, o monopólio dos aparelhos idelógicos do Estado. E, nesse caso, como em outros, reproduzimos a ideologia do Estado, como forma de manter o poder.

Todas estas questões preliminares, aparentemente afastadas do nosso propósito, levam-nos a pensar no "desequilíbrio" em que os aparelhos ideológicos do Estado são mantidos. Se, por um lado, eles são os responsáveis pela permanência do poder de Estado[22] no caso dos regimes autoritários (talvez em regimes democráticos a situação seja outra), não é menos verdade que se tornem, num certo momento desse processo, exatamente um instrumento de contestação do próprio regime. O aparelho ideológico da informação, por exemplo (e claro que não isoladamente), já atingiu pontos tão extremos através da denúncia-pressão que chegou a ajudar, com participação muito ativa, a derrubar o próprio regime político do Estado. É o caso da Nicarágua, com o episódio do assassinato do jornalista Joaquim Chamorro, em 1978. Mas este é um caso extremo. Normalmente, nos países capitalistas, o que se costuma ver é a ação desses aparelhos nas superestruturas[23], sem nenhuma ameaça

---

21. Baudrillard, Jean. "A moral dos objetos. Função-signo e lógica de classe". In: *Semiologia dos objetos*. Petrópolis, Editora Vozes, 1972, p. 86.

22. A abordagem de Althusser a esta questão é muito precisa: "...nenhuma classe pode duravelmente deter o poder de Estado sem exercer simultaneamente a sua hegemonia sobre e nos Aparelhos Ideológicos de Estado." (Op. cit., p. 49).

23. O conceito aqui usado de superestrutura é baseado no trabalho de Raymond Williams, *Marxismo e literatura*. Depois de discutir o conceito de superestrutura em Marx, no trabalho *Dezoito Brumário de Luís Napoleão, 1851-2*, o autor dá seu próprio conceito: "A 'superestrutura' é, aqui, toda a 'ideologia' da classe: sua forma de consciência, seus modos constitutivos de ver-se a si própria no mundo".

de perigo real contra o establishment. Evidentemente, não estamos pensando na infinitude dessa situação. Isso seria negar o próprio curso da História. Nesses casos, o que ocorre efetivamente é a implantação de uma prática reformista. Seja como for, interessa-nos mostrar a importância dos aparelhos ideológicos do Estado na manutenção da ideologia desse Estado. Quando não, como já vimos acima, até mesmo na transformação do seu regime político, vale dizer, na mudança do poder de Estado e na defesa da estabilidade do novo regime.

E não foi senão esta a preocupação de Lênin após a tomada do poder na Rússia. Objetivando assegurar o futuro da Revolução e garantir a permanência da nova ideologia política e a conseqüente passagem ao socialismo, Lênin revolucionou os métodos até então usados pelos aparelhos ideológicos escolar e cultural, entre outros, trazendo para dentro deles (com participação efetiva) o proletariado[24].

A partir da discussão precedente, evidencia-se a importância dos aparelhos ideológicos do Estado no tocante à produção cultural. E, mais que isso (daí o fato de termos discorrido sobre os aparelhos ideológicos do Estado), a nós interessa a presença da literatura enquanto produção artística componente do aparelho ideológico cultural. Diremos, pois, em primeiro lugar, que a literatura como forma ideológica se inscreve naquilo que os teóricos marxistas chamam de "superestruturas ideológicas"[25].

---

24. A literatura sobre este assunto é vasta. Mas vale a pena destacar de Jean-Michel Palmier, *Lênin, a arte e a revolução* (Lisboa, Moraes Editores, 1976); de Adam B. Ullam, *Os bolcheviques* (Rio de Janeiro, Nova Fronteira); de Boris Arvatov, *Arte, produzione e rivoluzione proletaria*, Rimini, Firenze, Guaraldi Editore, 1973).

25. Essa expressão e freqüentemente usada em trabalhos teóricos sobre as relações de produção para se falar das relações sociais, políticas e da própria vida cultural, onde se inscreve a produção literária. Luciano Gruppi em seu trabalho *O conceito de hegemonia em Gramsci (*Edições Graal, 1978, p. 21), trata precisamente das "superestruturas ideológicas". Da mesma forma, Etienne Balibar e Pierre Macherey usam essa expressão para situar ideologicamente o papel da literatura. A propósito, veja o trabalho *Sobre a literatura como forma ideológica* (In: *Literatura e significação ideológica)* (Lisboa, Arcádia, 1976).

A partir dessa óptica, pode-se dizer que a literatura, não apenas enquanto superestrutura ideológica, mas, principalmente, como forma ideológica, realiza-se no plano da sua produção (como o seriam todas as artes) e das relações sociais. Nesse aspecto, a existência da literatura estaria inextricavelmente ligada, num primeiro momento, ao aparelho ideológico escolar, que seria não apenas o seu produtor, mas definiria também os limites do seu consumo. E, num segundo momento, a determinadas "práticas lingüísticas", como propõem Etienne Balibar e Pierre Macherey.

É com a perspectiva dos elementos acima analisados e da literatura enquanto produção cultural que podemos entender a literatura como forma ideológica agindo na realidade histórica e social. Não é por mero acaso, portanto, que história e literatura estão inter-relacionadas. É precisamente pela função desta última no processo histórico e social. Isso, de certo modo, determina sua forma ideológica.

Da mesma forma, não foi à toa que o romance, no seu início, em 1678, com Madame Lafayette e seu *A princesa de Clèves*, ou, ainda como propõe Wolfgang Kayser, com Fielding[26] e seu *Tom Jones*, reproduzia, em sua narrativa, a ideologia burguesa como ideologia dominante. Isto esta ligado, evidentemente, a um fato primário: se a burguesia determina, sem dúvida a base econômica, é claro que ela pode também determinar as superestruturas ideológicas, política e cultural, estreitamente ligadas à base econômica ou, ainda, segundo Marx e Engels, as relações de produção e de troca[27].

---

26. O romance, enquanto gênero literário, possui um tipo especial de narrativa que o diferencia do canto, da novela, da historieta etc. Como diz E. M. Forster, "o romance é uma história que se conta para dar uma visão global do mundo. Não o fotografa, mas o recria; não o demonstra ou repete: reconstrói, a seu modo, o fluxo da vida e do mundo; uma vida *sua,* um mundo seu, recriados com meios próprios e intransferíveis, conforme uma visão particular, única, original". *(Aspects of Novel,* New York, The Universal Library, 1964).

27 Marx, Karl e Engels, Friedrich. *A ideologia alemã* (Lisboa, Editorial Presença, 1978, v. 1, p. 56).

A literatura aparece-nos, assim, como porta-voz da ideologia burguesa. De qualquer forma, convém considerar que seu "corportamento" ideológico – via produtores – nada mais é do que o reflexo do "comportamento" do aparelho ideológico escolar. Segundo Etienne Balibar e Pierre Macherey, esse aparelho submete as classes dominadas à ideologia das classes dominantes, trazendo a tona as contradições ideológicas pertinentes à sociedade burguesa. Essas contradições, com efeito, são o produto das condições históricas. É por ai que a classe burguesa exerce todas as formas de poder, onde, entre elas, se inclui a ideológica.

Analisando o papel ideológico da literatura e do aparelho escolar ao mesmo tempo, Balibar e Macherey acrescentam que "todas as contradições ideológicas assentam, então, em última análise, nas contradições do aparelho escolar, e se tornam contradições submetidas à forma escolar na forma escolar"[28].

Interessante notar, no entanto, que esta relação contraditória no processo de produção literária suscita algumas questões de grande interesse. Da mesma forma que a literatura é originalmente um produto cultural burguês, da mesma forma que ela pode ser usada como instrumento de dominação ideológica burguesa ao reproduzir sua ideologia, ela pode também ter um efeito contrário e passar a defender outra causa que não a dos valores burgueses. A propósito, isto parece ser extensivo a todos os componentes do aparelho ideológico cultural do Estado e, de certo modo, aos demais.

Nesse aspecto, a literatura assume importância justamente pelo seu caráter dialético. Ao mesmo tempo que ela é um produto cultural burguês, que é usada e produzida pela ideologia burguesa, pelas classes dominantes, pode, no entanto, tornar-se também um elemento de extrema eficiência em defesa da ideologia das classes dominadas. E foi isso, concretamente, o que fizeram os futuristas russos (Wladimir Maiakóvski,

---

28. Balibar, Etienne e Machery, Pierre, op. cit., p. 30.

Sergei Essenine etc.), Máximo Gorki (a quem Lênin considerava uma das grandes figuras da literatura russa que antecederam a Revolução) e diversos outros escritores partidários da Revolução de Outubro.

Nesse momento, tomando por base a discussão acima, já não cabe mais analisar (pelo menos em termos teóricos) a importância da literatura enquanto prática ideológica. Mesmo porque voltaremos a esse tema nas análises específicas da obra de Adelaide Carraro. Cabe, entretanto, observar que a objetividade da literatura como forma ideológica histórica traz à tona a própria questão da luta pelo poder e, conseqüentemente, a luta de classes. Como todas as artes, a literatura, integrante do aparelho ideológico cultural terá, num determinado momento histórico, a sua participação político-ideológica na luta pelo poder, na luta de classes.

Esta questão, com efeito, escapa de longe às concepções idealistas (talvez até simplistas) que reduzem o papel da literatura apenas à produção cultural, ao seu valor estético enquanto obra de arte, separando mecanicamente a estética da política, tanto quanto o conteúdo da forma. Essa divisão, em outros termos, faria da obra literária duas "porções" com valores inteiramente distintos. De um lado, o conteúdo, reduzido ao seu plano ideológico, à temática de origem política, social etc., e, de outro, a forma traduzindo as características "propriamente" literárias, onde se pode detectar a que escola pertence a obra, o seu estilo, sua tipologia, enfim, todos os quesitos imprescindíveis à boa análise literária.

Tratado o problema dessa forma, resulta que a especificidade dos efeitos ideológicos produzidos pela literatura e a forma de os produzir permanecem inexpressivos para o analista da obra. O que é, aliás, no mínimo, desastroso. Isto não significa, evidentemente, que a eficácia ideológica da literatura esteja, por isso, obliterada. Ao contrário, ela permanece com os mesmos tons de antes.

Cabe ainda acrescentar que, no texto literário, o efeito que ele produz, a separação das qualidades estéticas da política e a separação do conteúdo e da forma têm muito valor para o analista. Isto é inquestionável. Mesmo assim, como observou Frederic Jameson, em seu trabalho *Marxism and form* (1971), "a própria forma, não é senão a elaboração do conteúdo no domínio da superestrutura". Convém dizer, no entanto, que a forma e o conteúdo são inseparáveis apenas na prática. No plano teórico, eles são distintos. Daí poder-se falar, como diz Terrry Eagleton, de "relações variáveis" entre eles.

Mas, para o leitor não-especialista, pesará, sem dúvida o conteúdo da obra. E é precisamente nele que se pode encontrar a objetividade da literatura e a ideologia. É também no texto literário que se verifica a reprodução da ideologia da classe dominante, que implicita a própria luta de classes.

De acordo com o momento histórico, como vimos anteriormente, a ideologia, via literatura, pode ser conduzida para a defesa das classes subalternas, criando, a partir desse momento, novas opções a todo o processo de produção cultural. Aquela classe social até então dominada ideologicamente passa a elaborar os próprios valores da sua obra. Isto não significa, no entanto, que ela poderá prescindir de imediato dos valores culturais da classe burguesa no poder até aquele momento. Ao contrário, é justamente da reelaboração do maior reaproveitamento possível dos valores da cultura burguesa (pelo menos segundo Lênin, Gramsci e Gruppi) que a classe proletária elaborará os verdadeiros fundamentos da sua cultura. Esse, foi, aliás, o maior problema do movimento *prolekult* soviético, dirigido por Lunatcharski. Analisado hoje, não há dúvida de que a base teórica do movimento era errada e perigosa. A pressupor-se a evidência de uma "cultura proletária", procurar seu aprimoramento através da negação da cultura burguesa era uma estratégia, um plano de trabalho que resultaria em fracassos parciais como realmente ocorreu.

Da mesma forma que não devemos subestimar a importância da cultura burguesa, devemos considerar também que a literatura, como toda produção cultural, faz parte da "superestrutura" da sociedade. A despeito da sua importância ideológica, é claro que o processo de transformação de uma sociedade se faz presente, no início, na base econômica, ou seja, na infra-estrutura E na socialização dos meios de produção que se inicia o processo de transformação ideológica. A literatura, com efeito, corre paralelamente a esse processo, como todos os outros elementos que compõem a superestrutura da sociedade.

Ao chegarmos até aqui, precisamos retomar a questão da literatura enquanto produto originalmente da cultura burguesa. Isto não significa, evidentemente, que as obras literárias sejam os reflexos das ideologias dominantes. Longe disso. Se assim fosse, como então se explicar que tantas obras literárias desafiam a ideologia da sua época? O teórico marxista austríaco Ernst Fischer desenvolveu essa questão com muita propriedade, argumentando que a arte transcende a ideologia da sua época, trazendo à tona realidades antes por ela camufladas[29].

E, para compreender melhor o alcance desta afirmação, é o caso de se lançar mão da obra de Balzac. A despeito de ser reconhecidamente reacionário (Terry Eagleton e Lucien Goldmann o reafirmaram diversas vezes), Balzac põe à descoberta toda a realidade que se esconde na ideologia. Sua obra torna-se revolucionária justamente porque denuncia a injustiça social e todas as contradições da sociedade burguesa de sua época. E, o que é mais importante, sem ter a intenção de criar uma literatura de tendência". Involuntariamente ou não (para Claude Prévost, não), Balzac desnuda a sociedade de sua época com tal precisão que sua obra dispensaria qualquer comentário político. Mas, a nosso ver, é precisamente na firmeza da narrativa, na sensibilidade para a percepção do real camuflado na sociedade burguesa que reside o caráter revolucionário da sua *Comédia humana*.

Comentando a força literária do realismo crítico, Jean Michel Palmier nos dá uma interessante visão da obra balzaquiana. Diz ele que "a grandeza do realismo crítico do século XIX é ter descrito o cotidiano de uma sociedade baseada na exploração, e sê-lo descrito

---

29. Apud Eagleton, Terry. *Marxismo e crítica literária*. Porto, Afrontamento. 1978, p. 31.

simplesmente. Mesmo não sendo Balzac um revolucionário, a sua obra tem um alcance revolucionário porque põe a claro as contradições sociais, as injustiças, a miséria material e moral que corresponde ao domínio burguês"[30].

Todavia, Balzac é apenas um exemplo que encontramos na literatura. Podemos dizer que a propriedade de transcender a ideologia é inerente à própria arte. Na sua obra mais importante, *O capital,* Marx fez citações elogiosas a Balzac, sobretudo por sua percepção adequada da realidade social de seu tempo. Coube a Engels, entretanto, na carta escrita a Miss Harkness (considerada por alguns teóricos como o ponto inicial da crítica literária marxista), elaborar um dos mais interessantes enfoques da obra de Balzac. Colocando em evidência as contradições do Autor, Engels mostra que a obra de Balzac está calcada numa ideologia voltada para o passado. Aqui, certamente, Engels estava se referindo à ideologia burguesa. Mas, ao mesmo tempo, está presente na obra de Balzac uma profunda crítica à sociedade capitalista. Como diz Claude Prevost, as idéias de Balzac estão em sintonia com à "crítica feita do ponto de vista do proletariado e da ciência, ainda que o ódio balzaquiano seja ambíguo é em parte onerado de nostalgia em relação a um passado definitivamente ultrapassado"[31]. O "ódio balzaquiano", do qual fala Prevost, é dirigido ao capitalismo. Compreende-se portanto, no exemplo de Balzac, como a arte (no caso, a literatura) transcende a ideologia da sua época.

Tudo o que foi discutido até aqui permite-nos também pensar na relação do escritor com a sua época. O momento histórico, é claro, influenciará sobremaneira a produção literária. Se, como dissemos, uma obra literária pode transcender a ideologia de sua época e nos

---

30. Palmier, Jean Michel. *Lênine, a Arte e a Revolução*. Lisboa, Moraes Editores, 1976, p. 143.

31. Prevost, Claude, op. cit.. p. 176.

mostrar para além do seu tempo, não é menos verdade que isto não depende somente do talento do escritor. Depende, também, do processo histórico, da sucessão dos acontecimentos naquele momento, sobretudo, de como o escritor vê todo esse desenrolar. E deve-se sublinhar, ainda, que as épocas de crise, de transformação social, de lutas políticas, são também extremamente propícias à produção de grandes obras literárias e da arte em geral, justamente pela experiência que se adquire nesse momento histórico. Sem dúvida, um dos melhores exemplos desses casos está justamente nas artes da União Soviética produzida um pouco antes, durante e logo após a Revolução Bolchevique. Nas artes plásticas, por exemplo, os trabalhos de Malevitch, Tatlin e Rodchenko são até hoje lembrados e citados pelos especialistas da área. Da mesma forma, Máximo Gorki, Maiakóvski e Essenine imortalizaram suas obras na literatura.

Nessas situações, o próprio desenvolvimento da História e a evolução dos acontecimentos encarregam-se de ampliar o universo de criação do artista. Esses momentos (como mostra Lukács) foram vividos pelos grandes escritores realistas, que presenciaram e participaram das lutas sociais do século XIX e de toda a instabilidade política pela qual passou a Europa dessa época. Em poucas palavras sobre o realismo, Terry Eagleton consegue caracterizar muito bem a questão: "Shakespeare, Scott, Balzac e Tolstói são capazes de produzir uma grande arte realista porque estão presentes ao nascimento tumultuoso de uma época histórica e estão, assim, dramaticamente comprometidos com os conflitos e dinâmicas 'típicos', claramente potentes, das sociedades a que pertencem"[32].

Nesses termos, portanto, a literatura, como toda arte, caminha *pari passu* com a História, documentando também sua época. Assim, torna-se fácil compreender por que Toulouse-Lautrec é capaz de representar a França do século XIX melhor do que qualquer pintor

---

32. Eagleton. Terry. op. cit., p. 45.

contemporâneo. Da mesma forma, dificilmente um escritor russo relataria, hoje, com tanta precisão a União Soviética da pré-Revolução Bolchevique, quanto Máximo Gorki, em *A mãe* e *Os inimigos,* a despeito de tê-los escrito na América. Baseado em fatos reais ocorridos nas fábricas de Sormovo, Gorki mostra como Anna (a mãe), camponesa e analfabeta, reage diante da prisão do seu filho. Sua atitude não foi outra senão a de se oferecer para distribuir panfletos que exigiam liberdade para o povo russo.

Após a breve discussão sobre Literatura e Paraliteratura, as relações entre Literatura e Ideologia, convém agora retomar o objeto empírico da Paraliteratura e analisá-lo. Para isso, escolhemos o primeiro livro de Adelaide Carraro, *Eu e o Governador.*

A Propósito de *Eu e o Governador*

A obra da escritora Adelaide Carraro totaliza, hoje, cerca de 43 livros. Ela é, sem dúvida, ao lado de Cassandra Rios e de Jorge Amado, uma das escritoras mais lidas do Brasil. Já em 1976, quando tinha apenas 22 livros, a Autora havia atingido a marca de dois milhões de exemplares vendidos. E não é só. Toda a sua obra continua sendo reeditada, dada a procura ininterrupta por parte do leitor brasileiro. Hoje, no entanto, apesar de não o afirmar com precisão, Adelaide acredita ter chegado próximo dos três milhões de exemplares.

Acreditando em seu trabalho como forma de denúncia dos problemas políticos e sociais, a Autora assume a condição e se auto-elege analista da sociedade. Além do mais, não aceita inclusive a crítica que os especialistas fazem à sua obra, classificando-a como pornográfica, sem nenhum outro objetivo que não seja a pura e simples comercialização do sexo. Chamada de "negociante do sexo", de "dona do filão pornô", de "escritora maldita" etc., Adelaide refuta a todas estas classificações posicionando-se sempre da mesma forma. Numa entrevista concedida ao Suplemento Especial de *Última Hora,* de 25 e 26 de março de 1978, a Autora fez o seguinte depoimento:

UH – Você se infiltra nos lugares para obter seus temas?

AC – *Eu escrevo a verdade, libelos, problemas sociais, procuro retratar o que realmente acontece. Vou buscar minhas histórias no submundo da sociedade, nos lugares onde acontecem. Fico nas praças, nas esquinas, conversando, perguntando. Acabo com muitos processos e enfrento inúmeros problemas.*

UH – Qual a sua finalidade ao abordar esses assuntos?

AC – *Sobreviver. Mostrar os problemas sociais para o Governo, que às vezes os arruma, como no caso dos asilos de menores. Minha crítica é construtiva, para melhorar. Eu mexo na ferida, na cinza, para fazer aparecer a brasa. Sou escritora, não sei por que sou. É destino.*

Em outra ocasião, Adelaide Carraro nos dá não só uma visão dela mesma enquanto escritora, mas também da importância do seu trabalho para o leitor brasileiro:

WN – Quem é Adelaide Carraro?

AC – *Adelaide Carraro sou eu, uma mulher que teve a coragem de escrever aqui, neste Brasil, em que ninguém lê, e que achou que descobriu um método de fazer com que o povo lesse, que é mostrando a verdade verdadeira, sem subterfúgio, mostrando assim, de cara a cara, o que existe de histórias e problemas sociais, contando a vida deste ou daquele cidadão e os poderes escondidos da sociedade. O povo brasileiro não lê, não conhece a sociedade, então a gente mostra a ele o que é a sociedade, desse caso assim de Cabo Frio.*

Seja como for, de uma forma ou de outra, a obra de Adelaide Carraro é de extrema importância. Se não pela qualidade literária, estética, com certeza por sua ressonância junto ao público, pela importância sociológica, justamente enquanto produto cultural de fácil acesso às camadas semiletradas da sociedade.

Partindo de fatos reais, como disse, a Autora estabelece um trinômio (sexo-política-dinheiro), sob o qual infalivelmente construirá toda a estrutura narrativa da sua obra. Mas é precisamente no manuseio desse trinômio que Adelaide comete alguns equívocos.

Acreditando usar a sexualidade como instrumento de denúncia dos maus políticos, da corrupção, do abuso do poder pela alta burguesia, das aberrações praticadas pelo Estado, Adelaide confunde tudo e inverte o objetivo das suas intenções. É exatamente isso o que acontece em *Falência das Elites, Eu e o Governador, Mansão feita de lama, A vingança do Metalúrgico* e *Eu mataria o Presidente*, por exemplo, livros onde os problemas sociais, dos quais a Autora tanto fala em suas entrevistas, são tratados apenas na superfície, e que, seguramente, nada ou quase nada acrescentariam ao universo do leitor.

Por outro lado, a sexualidade que aparece apenas como pretexto para a denúncia maior, assume importância primária em seus romances. Se bem tratado, claro, o tema "sexualidade" poderia até salvar a qualidade dos livros, Mas não é isto o que ocorre, efetivamente. Além da forma vulgar e piegas de abordagem da sexualidade, emerge ainda, com extrema facilidade, o ranço moralista e reacionário no tratamento do sexo, da política e do dinheiro, temas básicos da sua narrativa.

A análise dessa questão (a forma como a autora trabalha o político, o social e o sexual) e a respectiva ressonância junto aos leitores são os temas do nosso interesse a partir de agora.

Em *Eu e o Governador, Falência das elites* e *Eu mataria o Presidente*, nessa ordem, seus três primeiros livros, já se pode detectar o modo como a Autora vai trabalhar esses elementos.

Publicado, pela primeira vez, em agosto de 1963, *Eu e o Governador* marca o início da experiência de Adelaide Carraro como escritora. E, pelo menos do ponto de vista comercial, Autora e editor não poderiam ter sido mais felizes. Aproveitando o momento político da renúncia do presidente Jânio Quadros – o governador do livro é ele, ao tempo em que governava o Estado de São Paulo –, a Editora L. Oren lança esta obra que, segundo a Autora e a própria editora vendeu vinte mil exemplares em apenas três dias. Hoje, na 19ª edição, a Autora acredita já ter ultrapassado a cifra dos quinhentos mil exemplares.

Assim, pelo menos em termos comerciais, este é o livro mais importante de Adelaide Carraro. Mas não é só. Nas pesquisas que realizamos com leitores que encontrávamos nas livrarias, *Eu e o Governador* figura não apenas como o mais conhecido, mas também como o mais lido de todos os trabalhos da Autora. E é pelos motivos expostos acima que o escolhemos para iniciar nossa análise sobre a sua obra.

Convém, antes disso, saber da própria Autora o que ela pensa especificamente de *Eu e o Governador*, e quais os seus verdadeiros objetivos ao publicar a obra. Entrevistada pela revista *Escrita*, n° 18, de 1977, sobre a data e a publicação do seu primeiro livro, Adelaide Carraro diz, entre outras coisas:

> "Eu era funcionária da Secretaria da Saúde. Foi em 1963. Eu resolvi escrever *Eu e o Governador*, para mostrar o problema do e ex-tuberculoso pobre e das pessoas inocentes, das mocinhas que chegavam, assim, dentro da cidade grande, e então eram espezinhadas, maltratadas e iludidas por certas pessoas. E para mostrar também um problema, que era o sexo dentro do Palácio, como existe sexo dentro da Casa Branca. Naquele tempo, diziam que os deputados também tinham força e se consideravam reis, né? Agora os coitados estão tudo na pior."

Da mesma forma, o jornalista Hélio Siqueira, ao prefaciar *Eu e o Governador*, e após violenta crítica ao comportamento dos políticos, passa a dar sua opinião sobre o livro:

> *Eu e o Governador* é um livro rude, implacável. Conta, sem rebuços, sem cerimônias, a verdade. Nele estão vivos muitos dos políticos que ainda hoje desfrutam de largo prestígio no seio do povo. *Eu e o Governador* é um livro real, porque é uma autobiografia. Tudo o que nele vai relatado aconteceu na realidade. Lugares e épocas são a expressão da verdade. Adelaide Carraro pediu-me que prefaciasse seu livro. E, ao lê-lo, ao analisá-lo surpreendi-me de ver que toda minha vida profissional, como jornalista que teve oportunidade de presenciar e viver as cenas mais chocantes que se possa imaginar, nunca tivesse encontrado esboçado com tanta sinceridade, com tanta brutalidade, um retrato real da vida política e social brasileira.
>
> O livro de Adelaide Carraro encerra a mais autêntica e chocante mensagem. Oxalá, sirva ele de lição a tantos quantos, valendo-se do poder, da posição que desfrutam, enganam a tantos em tão pouco tempo.

O depoimento de Hélio Siqueira, em forma de prefácio, é extremamente estimulante ao leitor que resolve folhear o livro e examiná-lo para adquiri-lo. Dependendo do leitor, ele chegará mesmo (após uma vista d'olhos no prefácio) a acreditar que está comprando um grande livro sobre a literatura política no Brasil, tal é o tom apologético imprimido por seu prefaciador às próprias palavras.

Não é nossa intenção discordar simplesmente de Hélio Siqueira. Ao contrário, quando fala, em seu prefácio, da trajetória da vida pessoal de Adelaide Carraro e do comportamento corrupto dos políticos em determinadas situações, certamente não há do que se discordar. Efetivamente, há o que questionar, quando considera *Eu e o Governador* um livro irrepreensível enquanto denúncia política.

Não há dúvida de que o trabalho de Adelaide apresenta alguns méritos nesse sentido. há momentos em que a denúncia é tão clara e pertinente que, por isso, o trabalho da Autora merece respeito. Mas esses momentos são, como os define a própria palavra, são raros e estão muito longe de se tornarem uma constante, não apenas em *Eu e o Governador*, mas em toda a obra de Adelaide Carraro. E é nisso que discordamos do prefaciador. Ele inverte os valores. Fez das raras exceções, que apontaremos no decorrer da nossa análise, uma constante, uma regra geral. Sua leitura não foi, a nosso ver, suficientemente apurada e capaz de detectar os conceitos moralistas e reacionários que permeiam o primeiro livro de Adelaide Carraro, e que acompanhariam, a partir de então, toda a trajetória de sua obra. Senão, vejamos:

A narrativa de *Eu e o Governador* apresenta dois casos que se entremeiam pela figura de sua Autora e personagem principal, Adelaide Carraro. O primeiro, os Sanatórios de Santa Rita do Passa Quatro e do Mandaqui, onde Adelaide trabalhou no auxílio de doentes. Inclui-se, ainda nesse primeiro caso, a forma como eram administrados os citados sanatórios.

O segundo, que envolve as figuras do Governador e dos seus secretários, põe em evidência toda a corrupção, as formas de chantagem e outras estratégias usadas na época pelo secretariado do Governador. Sua imagem, no entanto, como veremos, será preservada, mostrando ser ele um dos poucos homens íntegros em seu próprio governo.

Em *Eu e o Governador*, a Autora inicia uma trajetória de exploração do tema "humilhados", de um lado, e "poderosos", de outro, rastreando uma diretriz crítica fortemente indiciada, nessa primeira obra, mas que se enfraquece nas subseqüentes: *Falência das elites* e *Eu mataria o Presidente*.

Assim, podemos ver que Adelaide Carraro inicia a narrativa *Eu e o Governador* baseada em fatos de sua própria existência, apresentada ao leitor em forma de depoimento. O "Eu" do título é a própria Adelaide: uma ex-tuberculosa carente vivendo a tragédia do desemprego e do preconceito com relação às pessoas que tiveram doenças infecto-contagiosas.

Os primeiros passos da sua "luta" estão centrados na tentativa de arrumar um emprego público. Visando a esse objetivo, a Autora-personagem lança mão de um método, se não o mais fácil, um dos mais fáceis, supomos, para conseguir sua nomeação: a proteção política, a política de apadrinhamento. Aqui, exatamente, reside a primeira grande contradição da narrativa de Adelaide Carraro. Apesar de condenar veementemente esse comportamento dos políticos em outras situações, Adelaide se desdobra em nome de sua causa pessoal, para conseguir seu emprego, usando exatamente o expediente que tanto condena. E, quando ludibriada pelos políticos, se sentia injustiçada. Adelaide continua à procura de um padrinho. Nessas idas e vindas, dá-se o que a própria Autora resolve chamar de "a sua trajetória pessoal", de vez que, para conseguir seu intuito, deve retribuir, como numa simples relação de troca, com o usufruto do seu corpo por seu político padrinho. Mas é nesse momento, também, segundo ela mesma, que se iniciam todas as tentativas de degradá-la, do mesmo modo que aconteceu com outras mulheres em situações idênticas à sua. Em alguns casos, o fato se concretizou (ela cita o exemplo da sua amiga Diva), em outros, não. A concretização, para ela, está ligada à maior ou menor experiência de vida da mulher no tratamento social e profissional com os homens. Além disso, quanto maior conhecimento do meio urbano-industrial, da cidade grande, tiver a mulher, mais invulnerável estaria sua integridade moral.

Sabe-se, é claro, que a questão levantada pela Autora não obedece a um critério tão mecânico como ela, na verdade, o propõe. O que se percebe, isto sim, é uma afirmação improcedente e extremamente perigosa. Admitindo-se a forma como Adelaide vê o problema, os homens teriam sempre um comportamento sexual padronizado para com a mulher. Por sua vez, a mulher também o teria para com eles. Os homens se caracterizam, em todos os seus livros, inclusive em *Eu e o Governador*, como seres perversos, perigosos, que em seus contatos com as mulheres objetivam basicamente o prazer corporal da relação sexual. Pelo menos esta é a regra geral. Raramente ele assume comportamentos decentes.

Por outro lado, a mulher é sistematicamente tratada em sua obra como um ser ingênuo, puro, tímido, quase sempre desprovida de qualquer malícia, até ter a infelicidade de encontrar um homem que a desvirtue em seu comportamento sexual. A nosso ver, nada mais improcedente. Para que essas afirmações tivessem sentido, haveria, antes de mais nada, a necessidade de se fazer um profundo estudo do comportamento humano à luz de uma Psicologia da sexualidade e até mesmo da Psicanálise. É claro que os resultados obtidos seriam diferentes daqueles citados pela Autora. A razão é simples, embora não seja a única: nenhum estudo científico do comportamento humano chegaria a resultados nos quais homens e mulheres tivessem, exatamente, ao mesmo tempo, atitudes e comportamentos sexuais iguais. De um lado, os homens, sequiosos unicamente pelo prazer da relação sexual e, de outro, as mulheres, defensivas, tímidas e repulsivas ao ato sexual.

O depoimento de Adelaide continua e se distribui em onze capítulos, todos eles encimados por títulos que, por sua vez, trazem ainda epígrafes assinadas por Antero de Figueiredo, Voltaire, Diderot, Schopenhauer, Camilo Castelo Branco, entre outros. Uma análise, ainda que rápida, desses títulos e de suas respectivas epígrafes, denuncia índices da mais cabal " moral doméstica" a reger a escritura da obra.

Ou seja, de um lado, a narradora se apóia nos títulos epígrafes a justificar sua "luta" e, do outro, os títulos e as epígrafes abrem o "espaço da erudição", da preocupação da Autora em mostrar seus conhecimentos filosóficos e literários, como apoio à própria "necessidade" de a obra funcionar como denúncia. Vejamos, por exemplo, em *Eu e o Governador*, no décimo capítulo, intitulado "Reflexão", quando a Autora escolhe o seguinte pensamento de Mantegazza:

Nunca se fez uma segunda edição da virgindade, do pudor e da honestidade.

Ao se pensar na narrativa a partir do título do capítulo, temos a impressão inicial de que a Autora passaria a discutir, analisar e refletir, no mínimo, sobre seu envolvimento amoroso com o Governador. Mas isso ou qualquer outro caso que exija reflexão não ocorre. A narrativa se perde em amenidades que começam com a sua volta alegre de Ilhabela, após passar um fim de semana com o Governador, passando pelo drama de sua amiga Diva, que até aquele momento ainda não havia contado ao noivo que não era mais virgem, e terminando com a morte de um deputado, no momento de uma relação sexual com sua outra amiga Cátia.

Portanto, de reflexão mesmo, o capítulo nada apresenta. De qualquer forma, há um diálogo entre Adelaide Carraro e Diva, que merece destaque. Aludindo às experiências sexuais de Diva e a iminência de um casamento, Adelaide pergunta:

– Diva,... ele sabe... sabe de tudo?
– Nunca, Adelaide! Nunca! Escondi-lhe! É lógico que se souber o meu passado acaba tudo em um segundo. Estou ainda pensando como vou explicar-lhe que não sou moça...
– Seja como Deus quiser, Diva! De qualquer forma, estou feliz por ver que você acabou com sua vida desregrada!

Reside, neste diálogo, uma concepção extremamente moralista, se não um falso moralismo, o que é ainda mais grave. Através de Diva,

Adelaide leva o leitor a supervalorização da virgindade, e, até mais do que isso, promove ao extremo o incentivo à repressão do corpo enquanto instrumento de prazer e de libertação. Em outros termos, a virgindade, segundo a Autora, deve ser preservada até o casamento. Toda relação sexual, portanto, deverá, antes, ser formalizada pelo casamento, se a moça quiser manter a sua integridade moral. Intencionalmente ou não, o fato é que Adelaide corrobora e incentiva uma das mais antigas e primárias formas de controle social vigentes no capitalismo: a repressão sexual. Abramos espaço para uma rápida discussão do problema.

Wilhelm Reich e Herbert Marcuse dedicaram parte de seus estudos teóricos a essa questão. A análise de Marcuse da função política da repressão sexual é das mais refinadas que conhecemos. Argumentando que, na sociedade capitalista, todo valor tem por base o trabalho, Marcuse nos mostra a que plano de desvalorização foi reduzido o prazer: "Se apenas o trabalho abstrato cria o valor segundo o qual a justeza da troca é regulada, então o prazer não pode ser um valor. Se fosse, então a justiça da sociedade seria posta em dúvida; de fato, revelar-se-ia notavelmente injustiça"[33]. E, mais significativo ainda segundo Marcuse, é se notar que o aumento do prazer abalaria a expectativa do comportamento estabelecido pela sociedade, condição necessária ao funcionamento do Estado capitalista ."A libertação não-sublimada e não-racionalizada das relações sexuais significaria uma libertação vigorosa do prazer como tal e a desvalorização total do trabalho pelo trabalho. A tensão entre o valor inato do trabalho e a liberdade do prazer não poderia ser tolerada pelo indivíduo: o desespero e a injustiça das condições de trabalho penetrariam contundentemente na consciência dos indivíduos e impossibilitariam a sua tranqüila regimentação (Einordrugl no sistema social do mundo burguês)"[34].

---

33. Robinson, Paul A. *A esquerda Freudiana,* p. 148.

34. Ibidem, p. 148.

É precisamente pela força revolucionária contida na sexualidade que, no Estado autoritário (há inúmeros exemplos, e o Chile é a imagem exata dessa questão), exige-se a criação de uma ética de comportamento sexual que seja dirigido por certas normas[35]. Com isso, burocratiza-se a sexualidade e a liberdade sexual do indivíduo. É isto, em outros termos, o que propõe e espera Adelaide Carraro, ao justificar a importância da virgindade, que é, como vimos, uma forma primária, mas eficiente de controle social.

De resto, a própria escolha de Mantegazza para a epígrafe já denota o falso moralismo do qual está imbuída a Autora. E, é claro, nele também se inclui o criador da epígrafe. A frase é canhestra e infeliz. Vejamo-la inicialmente como um todo: "Nunca se fez uma segunda edição da virgindade, do pudor e da honestidade".

A forma fatalista do pensamento de Mantegazza, ao usar o advérbio de negação "nunca", dando ao leitor a sensação de uma perda irrecuperável, já seria algo suficiente para que qualquer indivíduo recuasse ou pensasse diversas vezes diante do fato. Até aí nada grave, claro. Entretanto, o que se nos apresenta como problemático e indefensável mesmo é o sentido geral contido no pensamento de Mantegazza. Não por acaso, os substantivos virgindade, pudor e honestidade estão postos nessa ordem na frase. Sem dúvida, o leitor comum (e não necessariamente o especialista), ao lê-la com certa atenção, pode concluir o seguinte: a perda da virgindade significa também a perda do pudor e, conseqüentemente, da honestidade. E, de qualquer forma, mesmo que o leitor não fizesse essa leitura, ele tem bem claro, no texto, as implicações negativas da perda da virgindade. E Adelaide, ao longo de toda a narrativa segue *pari passu os* ensinamentos de Mantegazza. Não sem contradições, é óbvio. A busca obsessiva da

---

35. Essa questão é exaustivamente tratada por Wilhelm Reich em *A função do orgasmo* e em *Irrupção da moral sexual repressiva*. Há, ainda, dois trabalhos que merecem destaque: Anton Andreas Guha, *Moral sexual y represión social* e Schelsky. Helmuth, *Sociologia da sexualidade*.

figura do Governador e o seu desejo de passar um fim de semana com ele já são fatos que mostram as contradições da Autora.

Mas Adelaide não pára aí. *Eu e o Governador* é também um livro que se propõe, entre outras coisas, mostrar a sua " luta". Percebe-se, no entanto, que, no fundo, o livro contém tópicos repetitivos e prosaicos. Sempre que " derrotada", isto é, frustrada no seu desejo de ser funcionária pública, insiste ainda em percorrer o mesmo caminho: usar as cartas de apresentação dos políticos, desfrutar do seu prestígio para conseguir o emprego, num ato de ingenuidade, talvez, quase incorrigível.

Na verdade, a história de *Eu e o Governador* inicia-se na praia, no Rio de Janeiro, onde Adelaide passava alguns dias na casa de uma amiga. Desempregada, a Autora vivia às expensas do Sr. Muller, benfeitor do asilo onde ela teria sido praticamente criada, mas onde também teria contraído a tuberculose que lhe acompanharia por algum tempo. Preferimos, aqui, usar as palavras da própria Autora para melhor explicar a gênese das suas andanças à procura de um emprego público:

> *No asilo adquiri a moléstia dos pulmões. Fui para um sanatório onde fiquei internada às suas expensas. Aos dezoito anos tive alta. Meses mais tarde, porém, fui procurá-lo. A doença havia voltado e precisava de auxílio financeiro para internar-me novamente. Muller atendeu-me. Aos dezenove anos aumentou minha mesada e dava-me presentes quase todos os meses. E, agora, em meus vinte e dois anos, recusava continuar a me dar mesada, porque constatava que estava me "curando" em Copacabana. A verdade é que eu estava mesmo curada. Havia saído do sanatório há seis meses e menti a Muller que ainda estava doente. Assim, minha irmã continuara a receber dele a ajuda financeira, que fazia chegar às minhas mãos em Copacabana, onde me encontrava há três meses. Finalmente, ele descobriu que não estava mais internada, e, vendo-se ludibriado, cortou a mesada que me estava permitindo viver bem, sem preocupações de nenhuma espécie.*

Nesse preciso momento, Adelaide inicia a procura do emprego público para substituir a mesada recebida de Muller. E é quando, no entanto, a Autora é tomada de uma revolta contra aquelas pessoas que estão justamente na situação em que ela se encontrava, ou seja: vivendo às custas de outra pessoa, sem grande esforço pessoal.

Voltando para São Paulo, durante a viagem, Adelaide conhece Ulisses, contra quem se mostra nos primeiros contatos extremamente agressiva. Inconformado com a situação de quase rejeitado, Ulisses lança mão da velha e desgastada frase autoritária: "Quem você pensa que eu sou?" Seu objetivo, como de qualquer outra pessoa que dela fizesse uso, não era outro senão o de realçar seu *status* de classe dominante e, ao mesmo tempo, de intimidar Adelaide. Com isso, Ulisses esperava melhores resultados do que obtivera até aquele momento. Mas, pelo menos superficialmente, a Autora mostrou-se irredutível naquele instante:

O Senhor me parece um caixeiro-viajante. Virei-me para a janela, abrindo raivosamente a cortina e depois cruzando os braços, como quem dava, nitidamente, a entender que a conversa estava encerrada.

Mas esta situação só permanece até o momento em que Adelaide constata que Ulisses é realmente amigo do Governador. Isto poderia significar um grande triunfo, uma vez que ele era pessoa de grande influência. E o previsto, evidentemente, acontece: Ulisses promete usar de todo seu prestígio junto ao Governador para fazer de Adelaide uma funcionária pública. Num nítido jogo de interesses, a narradora fez um monólogo interior arrependendo-se quanto à forma de tratar o influente amigo do Governador até aquele momento:

Que fora eu havia dado! Que vergonha! Ali, do meu lado, uma fortuna que não tinha mais tamanho! Quem não conhecia, pelo menos de nome, a Ulisses? Quem não sabia de suas ligações políticas com o Governador de São Paulo?! O homem dos laboratórios, ali, ao meu lado, oferecendo-me um emprego público, que nunca passara antes pela minha mente ocupar e de que falara apenas para me ver livre daquele que eu pensava ser "balconista" do armazém de secos e molhados!

A partir daí, só há amabilidade, elegância e delicadeza entre ambos. Claro, subjacente a essas medidas havia interesses diferentes, mas que ficavam subentendidos a cada troca de palavras. Ele, entusiasmado com a beleza e com o corpo de Adelaide, procurava agradá-la de todas as formas, cativando-a, para mais tarde propor-lhe a relação sexual, como realmente ocorreria. Ela, receptiva às cortesias de Ulisses, certamente interessada em seu emprego público. Assim, prossegue o relacionamento de ambos, até Adelaide perceber que Ulisses a ludibriara.

Interessante notar a mudança de comportamento de Adelaide quando Ulisses indicia que pode ajudá-la. Embora condenando em sua amiga Diva o uso da beleza, do corpo, para conseguir vantagens. Adelaide fez exatamente o mesmo, deixando claras suas contradições. Em algumas passagens do livro, Adelaide procura justificar a sua "tragédia" (a perda da virgindade, ainda solteira) e a de Diva, através da inexperiência que as coloca indefesas e vítimas dos males do mundo. Difícil, no entanto, é manter essa justificativa. Entre outras coisas porque a sua mudança de comportamento em relação a Ulisses denota experiência suficiente para perceber o seu objetivo e aceitá-lo sem temor, ainda que parcialmente. Ulisses propõe uma barganha, cuja meta seria a relação sexual. Adelaide percebe claramente a proposta, leva-a às últimas conseqüências e, posteriormente, se autodefine como vítima de uma trama sexual.

Outra questão colocada por Adelaide diz respeito ao comportamento dos políticos quanto à troca de favores. A forma como a Autora apresenta o problema nos leva a concluir que os políticos não são tão íntegros como se apresentam ao povo. Este é, a nosso ver, o melhor momento de *Eu e o Governador*. De certo modo, a Autora expõe ao leitor a corrupção vigente entre os políticos. As nomeações eleitoreiras, as injustiças sociais, as promessas nunca cumpridas, o jogo de interesse sexual, tudo isso é denunciado por Adelaide, inclusive com certos méritos. No entanto, a sua posição, seu comportamento, na prática, é inteiramente incompatível com as suas denúncias. Queremos dizer que Adelaide critica o modo como agem os políticos, mas ao mesmo tempo participa do jogo. Isto, entretanto, não chega a ser percebido pelo seu leitor com a mesma clareza que percebe suas denúncias. Sua participação no jogo da corrupção política, em *Eu e o Governador* e em *Eu mataria o Presidente*, é inquestionável, embora não esteja tão visível como estão suas denúncias.

Além disso, é preciso deixar claro que as denúncias visam, unicamente, à figura individual do secretário, do deputado e assim por diante. Ela não questiona a estrutura em que está montado o sistema político, que é, na verdade, o gerador dessa situação. Até onde essa estrutura seria ou não conivente ou, até mesmo, facilitadora da própria corrupção política não se sabe através de Adelaide. Lendo-a, em *Eu e o Governador*, ela nos deixa a impressão de que o problema da corrupção e da injustiça social está na figura pessoal do político. Se substituíssemos alguns secretários de Estado, alguns deputados, enfim, determinados políticos donos do poder, naquela época, por outros com a mesma concepção ideológica de Estado, o problema da corrupção e da injustiça social estariam sanados.

Em nenhum momento, ainda que empiricamente (e talvez fosse até mais recomendável, se considerarmos que o seu leitor é de nível médio), a Autora questiona a forma autoritária como está organizada a sociedade de classes. Mas, também, se o fizesse, jamais iria responsabilizar individualmente qualquer político pelas injustiças sociais e, em alguns casos, pela corrupção. Ela constataria que, antes de estar no indivíduo, isoladamente, por eventual incompetência, displicência ou por uma questão de caráter etc., o problema está no modo como a sociedade se organizou no seu sistema político, incapaz de eliminar a corrupção e a injustiça social.

Talvez estejamos sendo muito exigentes com Adelaide Carraro. Sua formação não ultrapassa o primário. Estamos convictos de que ela não tem nenhuma obrigação de teorizar nem de perceber as sutilezas da ideologia autoritária da sociedade de classes. Por outro lado, já que sua profissão é escrever, não lhe custaria muito (e até nos parece necessário) ser mais sensata e cuidadosa ao passar informações ao seu leitor. Problemas da magnitude dos que trata não podem e não devem ser desviados da sua realidade. E, infelizmente, Adelaide fez exatamente isso. *Eu e o Governador é* um livro que se propõe analisar criticamente a sociedade da época. Mas o resultado é outro: o trabalho se reduz a uma pretensa análise e por isso torna-se caricato. É o caso da supervalorização da virgindade, do jogo duplo com os políticos para conseguir emprego público, dos interessantes materiais na sua relação com o Governador e do seu egoísmo. Sobra, de *Eu e o Governador*, a boa intenção da Autora denunciar as falcatruas do Governo do Estado de São Paulo naquela época. Nada mais.

Sistematicamente, ao longo de toda a narrativa, Adelaide trabalha com o binômio inexperiência e ingenuidade, às vezes de forma até exagerada. Narrando a estratégia de Ulisses, servindo-lhe bebidas para atingir seu objetivo (a relação sexual), a Autora não reage em momento algum. Não toma nenhuma atitude contrária, deixando-se dominar por ele e dando, inclusive, a perceber que sabia qual era a meta dele. No livro, isto fica muito claro, justamente quando a Autora fala da bebida:

A dose não era fraca, e atrás dela seguiram-se mais duas. Era o velho processo de tirar o sentido da vítima para depois aproveitar-se dela. Minha ingenuidade de então não alcançava muito bem esses recursos. Eu só compreendia uma coisa: eu estava num apartamento de São Paulo, convicta, porém, de que não cederia a nenhuma investida desonesta que me fizesse.

Há, pelo menos, duas contradições neste texto, para justificar a ingenuidade da Autora. A primeira, quando naquela época, ela mesma se considerava ingênua aos vinte e dois anos. Sua própria trajetória de vida, porém, se encarregava de mostrar o contrário. Pela necessidade de sobrevivência física, Adelaide passa a viver experiências muito mais cedo do que uma moça devidamente amparada pela instituição familiar. Na verdade, os livros *Eu mataria o Presidente e Eu e o Governador* são a biografia da Autora. O primeiro relato a passagem da sua infância à adolescência, e o segundo, sua vida adulta. É baseado na narrativa de ambos que estamos discordando da sua ingenuidade aos vinte e dois anos. A segunda contradição, além de estar bem explícita, dispensa qualquer conhecimento biográfico da Autora. Se, naquele momento, Adelaide estava convicta de que "não cederia a nenhuma atitude desonesta" de Ulisses, como diz o próprio texto, então é porque ela contou com essa possibilidade, ainda que fosse remota. O grau de possibilidade não interferiu, de qualquer forma, diretamente no problema. Seja como for, a convicção de Adelaide em relação à possível "atitude desonesta" de Ulisses, descarta qualquer chance de admitirmos sua ingenuidade naquele instante.

Certamente as expressões inexperiências e ingenuidade não aparecem no livro de forma tão sistemática, à toa. Intencionalmente ou não, o fato é que elas têm um efeito respeitável sobre o leitor. É, sem dúvida, um recurso lingüístico, usado por Adelaide para colocá-lo ao seu lado e contra os vilões da história. Aqui, no entanto, reside o caráter apelativo sobre o leitor, no sentido de ir construindo a imagem de Adelaide como vítima, em duas situações: na primeira, vítima das autoridades políticas; na segunda, da própria sociedade, que, segundo ela, estimula o desrespeito à mulher.

Interessante notar que essa imagem de vítima trabalhada junto ao leitor vai ser muito importante para a Autora. É precisamente a partir daí que ela dá ao leitor a reafirmação de sua posição de autoridade. Na condição de coitada, de moça ludibriada, de vítima de trapaças, de toda sorte de contratempos em sua vida, ela pode, então, depois de sobreviver a tudo, colocar-se como conselheira dos leitores que dela necessitam. E já em *Eu e o Governador,* seu primeiro livro, Adelaide mostra sua "vocação'" de conselheira. Diva, sua amiga de quarto, é aconselhada a todo momento pela Autora. Entre outras coisas, contra a maledicência dos homens. Mas isto se tornou uma rotina no trabalho de Adelaide. Em todos os livros nos quais ela participa também como personagem, sua imagem é a de "boa samaritana'", de uma mulher que sofreu, mas venceu, de uma mulher que combate tenazmente a injustiça social, de alguém com experiência suficiente para poder orientar, de conselheira do próximo e, sobretudo, de uma pessoa culta, uma intelectual disposta a levar seus conhecimentos até o leitor por meio de seus livros. Esta, pelo menos, é a proposta de Adelaide em *Mansão feita de lama,* na página vinte e um, onde ela exalta os intelectuais (entre os quais se inclui) e passa a "filosofar" sobre a vida e o belo.

Por essa imagem que Adelaide criou de si mesma em seus livros, ela recebe, segundo seu editor Roberto Goldkorn, um extraordinário volume de cartas mensalmente. A maioria delas pedindo conselhos, emprego, dinheiro, cartas de apresentação a terceiros, a políticos etc., ou, ainda, elogiando o seu trabalho. Algumas dessas cartas recebidas entre 1963 e 1976, estão publicadas na integra, em forma de livro, com o título de *Adelaide Carraro: escritora maldita?* Realmente, a Autora é muito admirada e respeitada por seu leitor. Este é um fato que devemos manter sempre presente durante a análise da sua obra. Não só por sua significação primária em nosso trabalho, mas, principalmente, pelas conotações ideológicas que dele emergem.

Voltaremos, portanto, a *Eu e o Governador*. Além dos problemas já discutidos, Adelaide apresenta-nos um aspecto extremamente curioso e suspeito em seu primeiro livro: um componente narcisista muito forte em sua personalidade, que se reflete na narrativa. Na condição de pobre, desempregada, desconhecida, com um círculo de amigos restrito tão-somente à sua condição social, ela encontra, casualmente, homens ricos e poderosos com uma facilidade assustadora. São os casos de Ulisses, a bordo do avião; do brigadeiro, na avenida São João, socorrendo-a de um mal-estar etc.

Adelaide atribui o mérito desses encontros à sua beleza, em primeiro lugar, e depois às coincidências que ocorrem com todas as pessoas. O narcisismo[36] da Autora encontrado em *Eu e o Governador* permeia todos os livros em que ela também aparece como personagem. E ele nem sempre se manifesta em função da beleza física. A inteligência privilegiada, a sensibilidade mais aguçada e o seu senso de justiça irrepreensível são algumas qualidades que Adelaide destaca em si mesma, dando-nos a perfeita visão daquilo que Freud resolveu chamar de narcisismo secundário. Esse componente narcisista, portanto, terá forte influência em sua obra e, por decorrência, em seu leitor. O "poder quase mágico" da sua beleza física aliado às suas qualidades pessoais encarregam-se, com efeito, de elaborar junto ao

---

36. O conceito de narcisismo usado aqui é o mesmo investigado por J. Laplanche e J. B. Pontalis, na obra de Sigmund Freud *Zur Einfahrung des Narzissmus*. Aparecem, neste trabalho, o conceito geral de narcisismo, além das definições de narcisismo primário e secundário. *(Vocabula'rio da Psicanálise,* p. 365).

leitor a imagem de uma mulher, se não perfeita pelo menos muito próxima de atingir a perfeição.

Alguns leitores, porém (estamos pensando nos mais críticos), não aceitam integralmente a auto-imagem da Autora. Os mais crédulos, os mais ingênuos, por sua vez, passam a vê-la realmente de outra forma. Se não como uma pessoa superior ao ser humano comum, com certeza como alguém dotado de certas qualidades que a tornam uma pessoa extraordinária, magnífica. De certo modo, isto faria com que os leitores absorvessem cada vez mais os ensinamentos que Adelaide se propõe a dar. E aqui reside, sem dúvida, um perigo de deformação ideológica da visão política e da própria visão de mundo do leitor. Alguns deles, certamente, procurariam assemelhar-se o máximo possível a ela, bem nos moldes do que já ocorrera a mulher norte-americana dos anos trinta e quarenta, que via em Kat Smith, uma artista da rádio, o modelo exemplar de mulher. Segundo Paul Lazarsfeld e Robert K. Merton, ela era descrita, na época, como "uma mulher dotada de compreensão inigualável para com as demais mulheres norte-americanas, profundamente identificada com homens e mulheres comuns, como um guia espiritual, um líder, um patriota, cujas idéias a respeito de assuntos públicos devem ser levadas a sério"[37].

Ainda que num âmbito mais restrito (Adelaide não é artista de rádio, não tem os *mass media* para se promover), não seria exagero, talvez, dizer que nós também temos a nossa Kate Smith. Seja como for, há semelhanças interessantes entre Adelaide e Kate Smith. Uma delas, sem dúvida, é o narcisismo apontado por Lazarsfeld e por nós.

Por esses motivos é que não podemos considerar o narcisismo da Autora algo apenas inofensivo em sua obra. Se o fosse, realmente, até se poderia discuti-lo, mas, certamente, de outra forma. No entanto, não é, efetivamente, o que ocorre, pois revela-se pernicioso, na medida em que

---

37. Lazarsfeld, Paul e Merton, Robert K. "Comunicação de massa, gosto popular e ação social organizada". In: *Comunicação* e *indústria cultural,* p. 249.

orienta negativamente a formação crítica do leitor, não dando a ele alternativas para enxergar o mundo com outros prismas que não especificamente o moralismo, os preconceitos, os estereótipos, o reacionarismo, enfim, todos aqueles valores que compõem a sua obra. Eles representam, sem dúvida, o conjunto monolítico da visão de mundo de Adelaide. E, mais do que isso, passarão, através de seus livros e da "aura" da sua personalidade, a integrar também a visão de mundo do seu leitor. Neste ponto, pelo menos, a obra de Adelaide torna-se definitivamente indefensável.

Já quanto ao aspecto político, *Eu e o Governador* apresenta sérias distorções ideológicas. Algumas, por evidente falta de formação teórica. É claro que isto pode nos levar a pensar o seguinte: não se pode esperar da Autora, nem de ninguém a não ser dos sociólogos, cientistas políticos e profissionais afins, que tenham um conhecimento científico de doutrinas políticas, da organização do Estado etc. Nisto estamos de pleno acordo, claro. Neste caso então, Adelaide, como qualquer outra pessoa deveria evitar as análises em torno do assunto. E a Autora, ao contrário, insiste em discuti-lo como se tivesse pleno domínio dele, assumindo uma postura de autoridade no assunto.

Em seus encontros com o Governador, Adelaide narra alguns problemas que vivencia em seu trabalho, e pede, ao mesmo tempo, ação política do Governo. Sabendo que não pode tomar uma atitude isolada, o Governador mostra que suas decisões, seus planos para serem aprovados precisam indispensavelmente passar pela apreciação do Poder Legislativo. Ao mesmo tempo, o Governador, representante do Poder Executivo, passa a responsabilizar o Poder Legislativo pela sua falta de maior participação junto ao povo. Esta informação é suficiente para que Adelaide classifique todo o Poder Legislativo como corrupto. E, aqui sim, em defesa do Governador ela não ataca ninguém individualmente. Todo o Poder Legislativo, por obstruir (segundo ela) a ação do Governador, se lhe apresenta como corrupto. Seria como se só o Poder Legislativo tivesse responsabilidade pela má gestão de um governo. Incapaz de reelaborar as informações recebidas do Governador, a Autora as aceita passivamente, aumentando com isso o mito do respeito a figura da autoridade. E quando tenta, muito bem intencionada, apresenta sugestões ao Governador para resolver os problemas administrativos (a construção da Casa do Ex-Tuberculoso), Adelaide se perde ainda mais. Afloram, nesse momento, seus ranços autoritários. Vale a pena descrever suas palavras para posterior discussão:

> *— Os deputados, Governador?! Por que não resolve o problema sem a interferência da Assembléia Legislativa?! Houve um silêncio de minutos. Pela janela ele olhava o negro da noite. Parecia que eu não estava ao seu lado. Voltou-se, lentamente, para mim e murmurou:*
> *— Ouça, princesa, ouça!*
> *— Ouvir o quê, Governador?!*
> *— Preste atenção! Não está ouvindo o barulho de correntes, como se estas estivessem sendo arrastadas pelo chão?! São as correntes da Assembléia Legislativa, tolhendo as mãos do Governador, Adelaide! Compreendi bem a sábia comparação do Governador, a imagem que desejava criar em minha mente. Mas não quis conformar-me com ela e desabafei, infantilmente:*
> *— E por que o Governador não desata as correntes e não mete o braço nas nobres fuças dos senhores parlamentares? Por que não dão um chute no melhor e mais apropriado lugar de cada deputado?! Por que não vira as costas para a "Casa do Povo", que de povo não tem nada?!*

A sugestão de Adelaide ao Governador é tão ingênua quanto perigosa. já no início do diálogo, percebe-se toda a sua postura autoritária, quando propõe ao Governador que resolva o problema sem a interferência da Assembléia Legislativa. Mas não é só. Adelaide insiste e sugere, agora pela segunda vez, que o Governador vire "as costas para a 'Casa do Povo', que de povo não tem nada" e passe a resolver as questões sozinho. O desprezo e o desrespeito de Adelaide pelo Poder Legislativo não encerram apenas a sua indignação. Subjaz, ainda, nesse comportamento, aparentemente contestador, a justificativa da ditadura. É todo um autoritarismo que nem deve ser visto como novidade. Ele se manifesta de diferentes formas em toda a sua obra. Na relação amorosa, profissional, familiar e social. Adelaide dá sempre mostras do seu autoritarismo. Em *Submundo da sociedade, A vingança do metalúrgico, Falência das elites* e *Na hora do sol*, apenas para citar alguns exemplos, estão claras essas idéias da Autora.

E, ainda, na tentativa de melhor articular essas idéias, Adelaide ordena as coisas de forma extremamente perigosa. O problema se tornará ainda mais grave, a nosso ver, se pensarmos que o leitor receberá esses julgamentos como válidos, verdadeiros, apoiando-se justamente nas experiências que a Autora já viveu. As suas andanças com políticos, militares e, especialmente, com o Governador do Estado, dão ao leitor a certeza de que Adelaide tem suficiente competência e conhecimento de causa para julgar os fatos e formar um conceito muito próximo da realidade sobre eles. Assim, a experiência, a competência e o conhecimento de causa do que ocorre intramuros no cenário político já são atributos suficientes para que o leitor siga ou apoie a mesma conduta de Adelaide, ou seja, a justificativa da ditadura. Além dos atributos já citados, a Autora conta ainda com o seu carisma na condição de romancista-conselheira mencionados por nós anteriormente.

Mas Adelaide não se limita apenas à defesa e à reprodução dos juízos autoritários. Numa das suas conversas com o Governador ela deixa clara a sua idéia de perpetuação no poder, se um dia o conseguisse. E, mais que isso, esperaria contar com o auxílio do povo para mantê-la no poder. Num misto de ingenuidade política, desinformação e boas intenções, Adelaide argumenta o seguinte, em sua conversa com o Governador:

> *Se eu fosse um dia Presidente, nunca deixaria o poder! Por nada! Lutaria com unhas e dentes para legar melhores condições de vida ao nosso povo! Acontecesse o que acontecesse, eu enfrentaria a situação! Nada me amedrontaria!*
>
> *Quando estivesse em perigo, pediria auxílio ao povo que me levou ao poder! Faria tudo – inclusive, acabaria com as brigas de galo!*

Apesar da boa intenção, não é o caso de se endossar as palavras da Autora. Como vimos na discussão acima, suas palavras redundam na justificação da ditadura. De qualquer forma, como já discutimos antes, devemos ter sempre em mente o que representam suas palavras junto aos leitores. E, certamente, ensinamentos dessa natureza terão efeitos negativos na formação do leitor.

Além da postura autoritária, Adelaide apresenta ainda alguns equívocos que precisam ser registrados. No decorrer de toda a narrativa, a Autora separa, sistematicamente, a figura do Governador de todo o aparelho estatal administrativo. Esse equívoco não teria maiores problemas se fosse mostrado como uma avaliação de cunho pessoal (até mesmo de uma mulher apaixonada); mas isso efetivamente não ocorre. Adelaide apresenta o Governador como uma pessoa perfeita, de extrema sensibilidade e muito bem moldada para a administração do poder público. A seu ver, as imperfeições da sua gestão devem ser atribuídas ao seu *staff*, onde se inclui o secretariado, corrupto e incompetente. A Autora só admite críticas ao Governo (como ela mesma o faz), quando se excetua a figura do Governador enquanto Chefe de Estado. Esta postura de Adelaide não é uma exceção. Ela permeia todo o livro. Os argumentos para manter a figura do Governador invulnerável às críticas são as mais infantis e denotam, ao mesmo tempo, um elevado grau de parcialidade e de desinformação acerca do funcionamento prático da máquina administrativa do Estado. Para manter a imagem de "inocência" do Governador em determinados acontecimentos, a falta de verbas, de decisões tomadas por seus secretários a sua revelia, a complexidade que envolve a própria função, são alguns motivos apresentados por Adelaide.

Não satisfeita com o trabalho de defesa da imagem do Governador, a Autora parte, então, para uma nova tática: a omissão. Deixando de lado qualquer possibilidade de usar o senso crítico para avaliar o trabalho do Governador, a Autora agora recusa-se a ouvir as críticas a ele dirigidas, como neste caso:

Não quis ouvir mais. Pedi licença e, levantando-me rápido da mesa, tranquei-me no quarto. Para mim aquilo não passava de infâmias que tinham por objetivo enxovalhar a honra do "meu" governador. Não acreditava um centil do que Cátia dissera.

As confusões de Adelaide se prolongam pelo livro, mas sempre tendo em mente a boa intenção de informar bem o leitor sobre o Governo daquela época, embora rigorosamente não consiga. Sua evidente parcialidade em defesa da figura específica do Governador, anula quase sempre o mérito da denúncia. Além disso, o narcisismo, como vimos, é também um aspecto que termina empobrecendo seu trabalho enquanto pretensão de ser uma denúncia política. Muito voltada para si mesma, Adelaide apresenta inúmeras contradições. E, sem dúvida, uma das mais significativas e mais fáceis de se perceber diz respeito ao caráter. Contrapondo a lisura do seu caráter, a firme honestidade dos seus atos à desonestidade e corrupção dos políticos, exceto o Governador, a Autora não só se contradiz, como compromete sua imagem. O leitor comum é não apenas o mais atento, certamente perceberá a dupla má-fé com que agiu Adelaide quando do seu primeiro encontro com o Governador. Além de usar indevidamente o nome de Cátia (a quem conhecera recentemente), ainda mente ao Governador em seu nome. Portanto, uma tentativa de lesar duas pessoas: Cátia e Governador. Tudo isto porque Adelaide recebe um telefonema do Governador para Cátia convidando-a para jantar. Adelaide omite a informação e decide ir no lugar de Cátia. Diante do desagrado do Governador, por sua presença indevida em palácio, Adelaide lança mão do mesmo recurso que anteriormente condenara nos políticos corruptos: a sedução.

Impossibilitada de compeli-lo ao ato sexual (por inferioridade física), como já o haviam feito Ulisses e Dr. Casa Grande consigo mesma, Adelaide usa da manemolência, da malícia e dos seus atributos de mulher, no mais convencional estilo de *femme fatale:*

Seu olhar pareceu que ia fulminar-me de raiva. Pedi a Deus para que o chão se abrisse e me fizesse desaparecer. O que fora fazer, meu Deus?! E a coragem que dissera ter para enfrentá-lo? Ah! Lembrei-me: ele gosta de seios. Maquinalmente tirei o bolero. Fui descendo lentamente minhas mãos. O bolero ficou pendurado numa das minhas mãos com uma das pontas arrastando no luxuoso tapete. Não dizíamos uma palavra mais. Olhávamos, apenas. Impossível explicar o meu estranho estado de espírito. Ficaria nua, até se tivesse certeza de que isto lhe agradaria, só para ver desaparecer dos seus olhos aquela expressão de desprezo, daquele ar de desapontamento.

Este trecho, se comparado àquele em que Adelaide vai ao apartamento de Ulisses, em nada difere basicamente. Incapaz de conter a impetuosidade de Ulisses, que a leva ao ato sexual, Adelaide sente-se seduzida. Segundo a Autora, a sua ingenuidade e, principalmente, o mau caráter de um homem insensato, teriam determinado aquele acontecimento em sua vida. No seu caso com o Governador a situação é muito parecida, mas traz um dado novo. É Adelaide quem assume o papel que fora o de Ulisses, ou seja, passa a tentar seduzir o Governador. No entanto, o tempo que separa um e outro acontecimento não é suficiente (alguns meses) para que a Autora saia da condição de mulher ingênua, como se considerava, para se mostrar tão experiente no seu primeiro contato com o Governador. Se não com muita experiência, pelo menos o suficiente para tentar seduzi-lo. A nosso ver, apenas um aspecto separa as atitudes de Ulisses das de Adelaide. Enquanto um usa a força física para obrigar sua parceira ao ato sexual, a outra usa o corpo como instrumento de persuasão objetivando a mesma coisa. De resto, ao que nos parece, o comportamento de ambos é bastante semelhante. Isto significa, em outras palavras, apenas mais uma das contradições de Adelaide. E aqui caracterizada precisamente pelo seu falso moralismo. Os interesses de ambos é que diferem. Ulisses desejava tão-somente a relação sexual. Adelaide, no entanto, omite e distorce a verdade ao leitor. Certamente para manter o prestígio e a boa imagem. Os reais objetivos da Autora quando procura o Governador só aparecem nas entrelinhas de suas conversas com as amigas. O orgulho pessoal de poder desfrutar da companhia do Governador era uma das razões básicas de Adelaide. O status adquirido com isso é sistematicamente mencionado pela Autora quando entre as amigas. Mas o objetivo que consolidaria toda essa situação escapa em certo momento numa conversa muito informal de Adelaide com Diva:

Eu não sou amante do Governador coisa nenhuma! Pelo menos, tal não me considero ainda! É muito cedo para pensar nisso, Diva! E se ele não me telefonar quarta-feira?

Nesse momento, realmente Adelaide deixa escapar um dos seus maiores objetivos ao procurar o Governador. Mas, até ai, não há nada de condenável nas suas intenções. Trata-se de uma opção que caberá somente a ela tomar, e, claro, sem interferência de ninguém. É inadmissível, no entanto, o fato de a Autora não assumir suas atitudes, de tentar ludibriar as outras pessoas tentando enganá-las e, sobretudo, de envolver indevidamente os ex-tuberculosos pobres num problema unicamente seu. É isto, precisamente, o que faz Adelaide ao tentar enganar Diva:

Diva, por favor, compreenda-me! Não fui falar com o Governador por ciúmes. Se me fiz passar por Cátia, ao telefone e a substituí no encontro com ele, não foi por motivos fúteis! Queria falar ao Governador sobre o problema da ex-tuberculose pobre. Não tenho culpa do que aconteceu.

Talvez tenha sido essa a única forma encontrada por Adelaide para se justificar ao leitor por ter usado o corpo como forma de persuasão. Defender o oprimido contra as injustiças sociais já é uma atitude extremamente digna, não há dúvida e, quando se trata de ex-tuberculoso pobre, então, o problema ganha ainda mais relevância. Isto levaria, certamente, o leitor a entender e até justificar o comportamento de Adelaide, que de certo modo, necessita de boa imagem junto a ele. Nesse sentido, então, os meios justificam os fins.

Mas, a nosso ver, os maiores erros de Adelaide estão justamente na sua preocupação quase obsessiva de mostrar ao leitor que é uma pessoa muito bem intencionada, honesta e irrepreensível em seus atos e sobretudo preocupada com a justiça social. Ocorre, no entanto, que em momento algum a Autora abre mão dos atributos que acredita ter. Para isso, sua concepção de mundo, seu próprio repertório, o conteúdo dos seus romances, a narrativa e até mesmo as suas posições atingem um grau de reacionarismo dificilmente encontrava em outro escritor brasileiro.

Caracterizam sua obra o autoritarismo, a falsa moral, a desinformação política e, sobretudo, a postura reacionária citada anteriormente.

E aqui cabem outras observações a respeito da desinformação política de Adelaide. Apesar de não concordarmos com a ambição proposta (a de ser conselheira política do leitor), ela tem algumas atenuantes. A tradição cultural brasileira, a rigor, não deu ao cidadão comum a possibilidade de ele mesmo formar sua consciência, sua concepção sobre os acontecimentos sócio-políticos do País, tirando-lhe, entre outras coisas, a possibilidade de participação política. As razões para isso vão desde a estrutura do nosso sistema econômico até todo o jogo de interesses de classe a que está afeto o problema. Adelaide, como tantas outras pessoas, parece ter recebido informações distorcidas, falseadas pelo meio, e agora as reproduz, mas em forma de livro de grande consumo.

Aqui, precisamente, reside o perigo do seu trabalho. Ao invés de fornecer elementos para a reflexão política do leitor, Adelaide reforça a desinformação. Talvez o melhor exemplo disso esteja nos momentos em que a Autora resolve desafiar os seus chefes de serviços e as autoridades do Governo. A rigor, ela nada mais fez do que mostrar ao leitor como violar a autoridade, de uma perspectiva essencialmente individualista, numa rebeldia apenas pessoal e não como manifestação coletiva, politicamente fundamentada. Este fato é tão marcante em Adelaide que aparece regularmente no seu trabalho. É claro, também, que essa rebeldia não está colocada gratuitamente. Ela representa um prestígio, um engrandecimento da imagem da Autora, na medida em que a sua luta contra as injustiças são os motivos para se rebelar. É dessa forma, entre outras, que Adelaide ganha a simpatia e a confiança do leitor. E a confirmação desse fato se dá em obras posteriores, como, por exemplo, *A verdadeira estória de um assassino, O estudante, Na hora do sol, Mansão feita de lama* etc. Nesses livros, em certos momentos, a Autora apresenta-se como pensadora e organizadora de idéias que podem ser veiculadas por um grupo social. Aliás, o livro *Adelaide: escritora maldita?* é exatamente o reflexo do que acabamos de dizer.

Mas, há ainda outros ângulos a serem explorados no trabalho de Adelaide Carraro. Para finalizar a primeira parte desta discussão, queremos mencionar algumas questões estilísticas que certamente interessarão ao lingüística preocupado com o discurso paraliterário.

A narrativa de *Eu e o Governador* apresenta-se fragmentada em vários casos, que, por sua vez, se entremeiam. A dinâmica do romance gira em torno do Sanatório, de desgraças e de tragédias, de um lado, e do relacionamento amoroso de Adelaide com o Governador do outro.

A forma como foram trabalhados esses elementos na narrativa é um dos aspectos que comprometem a qualidade do livro. Esse entremear dos casos poderia inclusive servir para tornar o trabalho realmente literário se Adelaide estabelecesse, por exemplo, a semelhança da hierarquia do Estado reproduzida na hierarquia da administração do Sanatório. Mas isso não ocorre efetivamente. Todos os casos, sem nenhuma exceção, ficam restritos ao nível pessoal de Adelaide. E, quando apresentados, são sempre acompanhados de um julgamento. Para isso, a Autora se fundamenta na figura dela mesma enquanto autoridade no assunto. Nesse sentido, e contando com seu conhecimento prático, Adelaide se manifesta de diferentes formas:

1) A importância da sua experiência: como já foi tuberculosa, acredita saber tudo sobre tuberculosos. Isto é dito por ela mesma e às vezes por outra personagem. Ela mesma se julga a pessoa mais indicada para lutar pela reintegração dos ex-tuberculosos na sociedade. Uma atitude louvável, sem dúvida;

2) Seu relacionamento amoroso com o Governador é sistematicamente usado (às vezes claramente, outras vezes de forma velada) como ameaça à estabilidade dos seus superiores no funcionalismo público. As mesmo tempo, aos que dela precisam, vende a imagem de amiga pessoal do Governador. Nesse caso, portanto, poderia facilitar certas conquistas aos tuberculosos.

A Sexualidade na Produção Paraliterária

Até aqui nossos estudos procuraram apontar algumas condições da produção literária de Adelaide Carraro. Enfatizamos, principalmente, a importância ideológica que exerce o seu discurso junto ao leitor. Naturalmente, como não poderíamos analisar todos os seus livros, escolhemos aqueles que julgamos ser os mais importantes para se ter uma noção de totalidade da sua obra. Assim, *Eu e o Governador* e *A vingança do metalúrgico*, respectivamente, o primeiro e o último livros, foram escolhidos justamente porque nos dão uma idéia da trajetória do trabalho da Autora, no tocante à temática, ao aprimoramento do estilo e até mesmo às eventuais transformações ideológicas decorrentes da evolução do seu pensamento e das mudanças em sua visão de mundo. Vinte anos, exatamente, separam um livro do outro. Ambos, no entanto, trabalham com temas semelhantes: a denúncia política, segundo a Autora.

A esses elementos, no entanto, devemos ainda incorporar um outro: a sexualidade. Sistematicamente, a Autora é acusada de pornográfica. É precisamente sob a ótica da exploração fácil e vulgar desse tema que os críticos e os intelectuais costumam ver a obra de Adelaide Carraro. Essa não é, evidentemente, a opinião dos seus leitores, que a têm no mais alto conceito como escritora. Os que leram *Eu e o Governador* vêem em Adelaide uma mulher de muita coragem, que preferiu sacrificar seu emprego público a perder sua dignidade no meio da corrupção política. É este, exatamente, o objetivo do livro. Dito isto, gostaríamos, agora, de abordar neste estudo a importância que assume a sexualidade e a pornografia na obra de Adelaide.

Em primeiro lugar, devemos procurar entender suas motivações, seus objetivos, ao eleger a pornografia como tema dos seus livros, quando na verdade tinha diversas opções temáticas nessa área a serem trabalhadas. Diremos, ainda, que a vulgarização e a exploração fáceis da sexualidade não são atos conscientes, propositais, em sua obra. Eles são, sem dúvida, o produto da desinformação da Autora acerca de um tema de extrema complexidade. Mas isto, certamente, não elimina nem atenua o problema: menos ainda a repercussão e a visão distorcida que o leitor, a partir daí, possa vir a ter do que seja o erótico e a sexualidade.

Falar do erótico na literatura, das discussões estéticas sobre a sexualidade em forma de romance, positivamente nunca foi a intenção da Autora. Aliás, como já mencionamos anteriormente, suas pretensões como escritora estão bem claras no início da nossa discussão sobre *Eu e o Governador*: a denúncia dos problemas políticos e sociais.

Isto posto, convém ressaltar que sua obra, embora pretenda ser uma denúncia da bandalheira social e política praticada contra o cidadão oprimido (ato louvável) reduz-se, a rigor, a uma forma de engodo ao leitor. Das denúncias sobre os problemas sociais, seus livros quase nada têm. São irrelevantes e repetitivos, como veremos mais adiante. No entanto, no tocante às anomalias sexuais, ao comportamento sexual do homem, pode-se dizer que sua literatura apresenta alguns casos de real interesse científico aos psicanalistas.

Vê-se, por outro lado, que o seu caráter mais peculiar segue outro rumo. Do ponto de vista sociológico, com importantes conseqüências no terreno estético, o trabalho de Adelaide consiste precisamente na presença de uma literatura que transforma a sexualidade, o erotismo, o corpo, enfim, num rentável objeto de consumo em forma de pretensa literatura popular.

Em casos desse estilo, o resultado, as repercussões negativas atingem níveis sensivelmente comprometedores à sua obra. E isso, é lógico, não é uma exclusividade de Adelaide Carraro. A grande maioria dos autores que trabalha com o mesmo filão (por exemplo, Cassandra Rios e Shirley de Queiroz) incorre, a nosso ver, em erros conceituais básicos. O resultado, certamente, não poderia ser outro: suas obras transformam-se, entre outras coisas, num instrumento de deseducação sexual de extremo conservadorismo. A sexualidade, que poderia ser transformada num instrumento de prazer e de libertação[1], torna-se coisa, mercadoria. Estamos assim, diante da reificação da sexualidade, fenômeno tão bem analisado por Igor Caruso[2].

Submetida ao fetichismo mercantil, a sexualidade é reduzida tão-somente ao genital. Assim, ela torna-se envilecida e descaracterizada pelos autores da paraliteratura erótica. Do mesmo modo, passa a ser trabalhada justamente como uma forma de controle social. Disso resulta toda a concepção burguesa do amor, fato veementemente contestado por pensadores como Wilheim Reich e Herbert Marcuse.

É nesse momento, no entanto, que a paraliteratura brasileira (e, de modo mais significativo para nós, a obra de Adelaide Carraro) atinge o seu mais alto grau de reacionarismo. Apenas para tornar a questão

---

1. Convém destacar a observação de Norbert Lechner sobre o caráter libertário que deve assumir a sexualidade na personalidade de cada pessoa "Enquanto não limitamos a sexualidade à genitalidade, a expansão do prazer sexual é uma necessidade básica que transcende o modo de produção capitalista. A sexualidade é uma energia emancipadora, porquanto aponta a uma satisfação total somente possível numa sociedade sem classes". Revista do CEREN, p. 43.

2. Num trabalho dos mais fecundos, o Autor analisa as perturbações psíquicas ligadas à sexualidade humana, em sua maioria decorrentes da reificação sexual. Vendo a questão sob a ótica da Psicanálise, Igor Caruso registra as conseqüências da seguinte forma "Na prática psicanalítica esse critério permite fazer apanhar ao vivo a significação – o simbolismo! – dos sintomas, mais diversos, como frigidez e impotência, perversões sexuais, hipersexualidade; indireta e mediatamente é ela a base das conversões neuróticas que substituem o sintoma sexual por um símbolo secundário; em resumo, para a análise da história íntima e impulsional do sujeito, esse critério tem um valor heurístico complementar aquele da reificação do trabalho que Karl Marx colocou na base da análise social partindo do caráter fetichista da mercadoria". *Psicanálise e dialética*, p, 66.

mais concreta, mais palpável, convém assinalar, de passagem, a concepção de amor que permeia os romances de Adelaide Carraro, Dr. G. Pop, Marcelo Francis, Márcia Fagundes Varela, entre outros. há uma ética. Certos valores que poderíamos resumir da seguinte forma: aos homens está assegurado o direito de ter uma experiência sexual (desde que seja heterossexual) a qualquer momento, sem que isto interfira negativamente em sua reputação. Aliás, ao contrário, em certas ocasiões ela torna-se até mesmo motivo de orgulho e de prestígio em seu meio social. A própria observação empírica desse comportamento corrobora nossas palavras. Aliás, seria desnecessário insistir nessa questão para constatar sua pertinência. Basta observar que a própria estrutura patriarcal em que estão montados os valores da sociedade burguesa já justificam nossas observações. É comportamento habitual dos pais dar mais liberdade ao filho homem e até mesmo incentivar o seu machismo.

Com as mulheres, no entanto, as "regras do jogo" são inversas. A experiência sexual não formalizada pelo casamento redunda, invariavelmente, em sua má reputação. Nesse caso, a literatura de Adelaide apenas reproduz e reforça alguns valores já tradicionalmente conhecidos na sociedade burguesa. Se realmente amamos uma mulher, devemos ainda preservar sua virgindade, inclusive como prova de amor, até a concretização do casamento. Este valor parece estar em franco desuso apenas nos grandes centros urbanos. Em contrapartida, não devemos amar a pessoa com quem mantemos relações sexuais. As mulheres personagens dos romances de Adelaide se enquadram sempre nessas duas categorias. É o que ocorre, por exemplo, em *Mansão feita de lama,* com Ana Lúcia, em A *professora,* com Maria das Graças, entre outras.

Estas poucas observações já demonstram em que linha de conduta está centrada a concepção de Adelaide sobre a sexualidade, bem como sobre a própria relação amorosa. Elas nos são úteis também para indicar o plano no qual deve ser conduzida essa discussão. Há, nesse caso, uma demonstração clara e específica do conservadorismo adelaidano. O amor e a sexualidade vistos dessa óptica estão inteiramente subordinados a uma estrutura de dominação que reside fundamentalmente nas relações autoritárias determinadas pelo modo de produção capitalista. Emerge daí a concepção burguesa do amor, onde a repressão está centrada no erotismo e na sexualidade. É dentro desse contexto que surge a estreita relação entre sexualidade e dominação, tirando o seu caráter essencialmente privado, para transformá-la também num problema político[3].

Esse é um tema, aliás, já trabalhado em outros campos da arte, como o cinema, em *Investigação sobre um cidadão acima de qualquer suspeita*, *Pasqualino Sete Belezas*, *Vida em família*, entre outros. A sexualidade, assim, é posta a serviço do controle social exercido no âmbito geral pela sociedade e no âmbito mais restrito pela família, que, de qualquer modo, reproduz a ideologia autoritária do Estado.

Cabe registrar, no entanto, que este não é um processo novo. Ele ocorre, na verdade, ainda no processo de socialização infantil. Como diz Norbert Lechner, "na sociedade capitalista a repressão da sexualidade infantil, em suas diferentes fases, tem por objetivo formar uma estrutura de personalidade que permite posteriormente incorporar o indivíduo sem questionar o processo de produção e reprodução do capital[4].

Certamente, a repercussão desse processo não ficará restrita à infância. Sabemos que os valores da moral burguesa assimilados através da repressão sexual imposta pela família são sistematicamente retomados e reproduzidos pelos aparelhos ideológicos do Estado. Se a função desses aparelhos, entre outras coisas, é a manutenção do *status quo* e a reprodu-

---

3. São muitos os estudiosos que trabalham com esse tema. Vale a pena destacar os trabalhos de Wilhelm Reich, *Irrupção da moral sexual repreensiva; La lucha sexual de los jovenes,* além de Schneider, Michael, *Neurose e classes sociais*, e Caruso Igor, *Psicanálise e dialética*.

4. Lechner, Norbert, op. cit., p. 45.

145

ção da ideologia burguesa, tão eficaz quanto possível, é plenamente compreensível que a Escola, a Igreja, os meios de comunicação, o consumo cultural (onde se inclui a paraliteratura), entre outros aparelhos ideológicos do Estado, faça um trabalho de manipulação e de amoldamento da personalidade ao autoritarismo da sociedade burguesa.

É dentro dessa perspectiva que a repressão sexual passa a ser uma forma refinada de prêmio e de punição, permitindo exercer-se o pleno controle social sobre o indivíduo. Aqueles que aceitam como verdadeiros os valores da moral burguesa disseminados pelos aparelhos ideológicos do Estado recebem o prêmio de reconhecimento da sociedade. A eles, todo o respeito. Não só não serão molestados pelo Estado como receberão a sua proteção legal. Esta não é senão uma forma a mais de disseminar ainda mais os valores da moral burguesa, ainda que seja uma forma de manipulação social cujo resultado redunda no trabalho alienado. Aos que não os aceitam, a sociedade lhes dá um outro tratamento; outra atenção.

Pelo simples fato de não aceitarem a ideologia veiculada pelos aparelhos ideológicos do Estado, essas pessoas são vistas em seu grupo social como indivíduos que possuem alguns "desvios sexuais". E, como tal, são pessoas de "comportamentos desviantes". Nesse caso, todo indivíduo que eventualmente se portar socialmente em desacordo com esses valores (não se trata nem de subvertê-los), será irremediavelmente rechaçado por seu grupo social. E, em alguns casos, até mesmo punido.

Colocado o problema dessa forma, não seria exagero constatar que o indivíduo submetido a todo momento à manipulação ideológica, reproduza em seu comportamento os valores da moral burguesa. No convívio social, na participação política e cultural (vide a literatura de Adelaide Carraro), nas relações familiares etc., ele será sempre o porta-voz desses valores. Aliás, no caso específico da sexualidade, parece mesmo que o problema ganha dimensões ainda maiores se comparado aos outros. A condenação à relação sexual sem o casamento e a virgindade são ainda valores extremamente importantes, pois contribuem para manter o comportamento dócil, subserviente e para o controle social.

Não sem motivos (mas até mesmo por uma questão de coerência ideológica) grande parte da produção literária burguesa (ver, por exemplo, Will Durant, Mantegazza, Francis Miller e João Mohana) exalta a importância de manter a virgindade até o casamento. A nosso juízo, nada mais claro que uma rigorosa e eficiente forma de repressão sexual. A arte literária, que por si só já é prestigiosa, conta ainda com escritores que, de uma forma ou de outra, tornam-se conhecidos como bons escritores e talentosos naquilo que fazem. O resultado disso aliado a outros aspectos, evidentemente, tem trazido sérios danos ao desenvolvimento das potencialidades humanas.

O mesmo tabu que impera sobre outras manifestações da personalidade do indivíduo se faz presente agora em seu corpo. Só que, agora, dessexualizando-o, precisamente através da repressão sexual. Aqui, como nos mostra Herbert Marcuse ao analisar o pensamento freudiano, invertem-se os valores: o corpo, até então usado como instrumento de prazer e de produção, respectivamente, perde sua primeira condição. É reificado e o prazer sublimado. As energias são canalizadas para as "atividades socialmente úteis". É isso o que nos diz Marcuse quando trata dos diversos conceitos da sublimação em Freud: "A sublimação opera, então, sobre uma estrutura instintiva pré-condicionada, que inclui as restrições funcionais e temporais da sexualidade, sua canalização para a reprodução monogâmica e a dessexualização da maior parte do corpo. A sublimação age com a libido assim pré-condicionada e sua força possessiva, exploradora e agressiva. A "modificação" repressiva do princípio de prazer precede a sublimação real e esta transporta os elementos repressivos para as atividades socialmente úteis"[5].

Reiteramos a conclusão marcuseana: a repressão sexual, uma forma de restrição imposta ao corpo (embora a coisa não seja feita com essa intenção) pela necessidade de conservar a castidade e a energia corporal, redunda na plena dessexualização do corpo. Ele torna-se

---

5. Marcuse, Herbert. *Eros e civilização*, p. 181.

tão-somente, o "sujeito-objeto" da produção. Esta mesma questão, aliás, e analisada por outros estudiosos da Psicanálise, como Geza Roheim e Norman O. Braun[6], por exemplo, sem que haja divergências de base entre eles.

À luz das idéias desses teóricos, e principalmente de Herbert Marcuse, pode-se constatar alguns danos causados ao indivíduo com a repressão sexual. Com efeito, vale destacar que o tabu, o mito instituído em torno do genital, via repressão sexual, não limita suas conseqüências (negativas, a nosso juízo) a mera proibição da relação sexual entre os amantes não casados ou à perda da virgindade. Seu raio de ação desencadeia um processo cujo alcance atinge a própria reflexão, causando o seu embotamento e a conseqüente perda da visão crítica do mundo. É assim, pelo menos, que entende Norbert Lechner, adepto do pensamento marcuseano: "A repressão sexual cria barreiras psicológicas contra o desenvolvimento do conhecimento; os tabus incorporados à estrutura de personalidade se traduzem na estrutura do pensamento: a reflexão se fez estereotipada. Desta maneira e independentemente das medidas econômicas, o desenvolvimento de uma importante força produtiva fica submetida a relações capitalistas de produção"[7].

Estamos, aqui, diante de uma das questões mais importantes nos trabalhos de Herbert Marcuse e de Wilhelm Reich e mais freqüentes no capitalismo: a função política da repressão sexual. Pois bem, e com base nos trabalhos teóricos destes dois pensadores e na validade das suas idéias em nossos dias que podemos concluir: a ética sexual puritana, tônica dominante em toda a obra de Adelaide Carraro, reproduz

---

6. O trabalho de Géza Roheim, intitulado "Sublimation", publicado em *Vearbook of Psychoanalysis,* V. 1, tanto quanto o de Norman Brown, *Life against death,* tratam do tema repressão sexual e "atividades socialmente úteis", segundo a denominação de Herbert Marcuse. Aliás, Norman Brown mais do que Geza Roheim, porquanto este último apenas Inicia uma discussão sobre a teoria da libido em Freud.

7. Lechner, Norbert, op. cit.. p. 46.

com impecável fidelidade o conceito burguês da relação amorosa. A trama amorosa, que vimos nas análises de *Eu e o Governador* e *A vingança do metalúrgico* (voltamos a repetir), não são exceções e, sim, a regra geral.

Dessa forma, e dando uma dimensão mercantilista ao amor, é que Adelaide contribui sobremaneira para a reificação da sexualidade e para manter a ordem geral da repressão. Vale notar ainda que, com raríssimas exceções, o ato sexual em seu trabalho aparece sempre ligado, condicionado, dependente de um jogo de interesses, que envolve desde os econômicos, os de prestígio político, até o puro e simples por *status*. E, com isso, a função política da repressão sexual ganha, com sua obra, um importante aliado. Aliás, duplamente importante: primeiro, pelo conteúdo moralista e puritano que ela veicula; segundo, pela extrema penetração do seu trabalho junto ao público.

Seja como for, o fato é que a obra de Adelaide Carraro transforma o aparelho sexual, a própria relação sexual, num eficiente instrumento de barganha, despojando-o da sua espontaneidade e da sua graça, tornando-o um rígido meio de negociações. Aqui, o jogo de interesses, a avidez pelo dinheiro e pelo prestígio social transforma o amor sexual num produto cujo ponto alto se reduz ao valor de troca, fazendo com que perca, assim, os sentimentos de ternura e afeto.

Talvez seja melhor ilustrar essa questão com um exemplo, concreto, embora já o tenhamos feito, de certo modo, em *Eu e o Governador*. A situação é narrada no livro *O comitê*. A personagem central é uma jovem mulher casada que procura um emprego público. Apresentada ao Prefeito de São Paulo, ela resiste à figura do homem, mas admite a possibilidade de uma relação sexual com o Prefeito. Após os primeiros contatos, o diálogo passa a ter um caráter intimista, desenrolando-se da seguinte forma:

– Me disseram que você precisa de auxílio. Vim prevenido para ajudá-la. Tive vontade de gritar:

– Claro que preciso. Me dê logo, me dê logo, pois se tiver qualquer contato com Vossa Excelência agora tenho a certeza de que me provocaria uma rigidez cadavérica. Suas

mãos iam amaciando minhas carnes.

— *De quanto você precisa? Diga logo, boneca, pois ainda preciso voltar ao Ibirapuera. Ele ia abrindo o zíper do meu vestido, quando consegui balbuciar:*
— *Não, não.* — *E levantei-me rápida. Ele ficou olhando para mim, com cara de bobo.*
— *Não!? Não, para o prefeito.*
Eu andava esfregando as mãos de um lado para o outro.
— *Para o prefeito eu me entregaria. Quero dizer, não há problemas.*
— *Talvez eu a faça pensar sobre mim como um ser humano e não como um homem público. Venha cá.*

Pegando-me pelos braços, pôs-me de pé, rodeando-me com os braços, apertando-me, beijou-me demoradamente.[8]

A partir desse instante, o diálogo ainda se estende por mais quatro páginas do livro, onde a Autora detalha a relação sexual de Isabel com o prefeito. Ela, embora interessada e estimulada para o ato sexual, simula um problema de consciência sob o pretexto de jamais ter traído seu marido.

Mas é após esse diálogo que se verifica a redução do amor ao mero plano do consumo do valor de troca. Sem maiores informações sobre o emprego público (era essa a intenção de Isabel), Adelaide descreve o comportamento do Prefeito que, num gesto automático, senta-se sorridente na penteadeira e assina um cheque, bem ao estilo daquela pessoa que, de alguma forma, retribui à outra pelos serviços prestados. Surpreendente, no entanto, é a reação de Isabel, que até aquele momento insistia em convencer o leitor de seu comportamento até então monogâmico. Deslumbrada diante da recompensa recebida, a personagem de *O comitê* se manifesta da seguinte forma:

---

8. Carraro, Adelaide. *O comitê*, p. 109.

O cheque verde-clarinho e a tinta azulada. A cifra fez parar o meu coração, quase tive um colapso. Dois milhões! Um cheque de dois milhões sob meu travesseiro. Como era fresco, suave e tentador O seu cheiro. Agia como um antídoto ao remorso que sentia, ouvindo o ressonar calmo de meu marido.

A última noite que passei com meu marido foi assim: ele chegou suado, cansado e, assim mesmo, se atirou na cama. Não pude deixar de pensar:

— Como pode existir homens assim? Depois de um dia de trabalho estafante, se jogam na cama sem um banho. E meu pensamento voou para o cheque. Passei-o pelo meu nariz, para sentir o seu cheirinho suave. Mais dois ou três verdinhos daquele o meu marido ficaria para sempre esquecido naquele quarto, persianas fechadas, com seu chulé, com seu bodum.[9]

Creio ser importante assinalar um aspecto contido nestes dois trechos e que, de certo modo, corroboram a repressão sexual converte-se realmente numa forma de humilhação para a mulher. Em algo brutal, incapaz até mesmo de proporcionar uma efetiva satisfação sexual. E, a rigor, o homem, agente ativo dessa ação não pode e nem tem como ficar à margem do problema. É evidente que sua atitude determina, também (aliás, primeiramente), o seu próprio envilecimento.

É preciso ver, ainda, que uma relação sexual é, em geral, pautada no sentimento, na ternura e não na reificação do amor como ocorre nos trechos citados. Mas certamente Adelaide não citou nenhum caso isolado, nenhuma exceção e nem criou personagens de comportamentos *sui-generis*. Esta atribuição, é preciso que se diga, reflete apenas as distorções e a concepção que se tem da sexualidade no capitalistamo. Sabe-se que a ordem sexual burguesa, sua forma autoritária de conduzir o processo de educação sexual e que vai justamente educar seres submissos e gerar toda sorte de desvios sexuais. A ausência de diálogo espontâneo e franco entre os membros da família é, sem

---

9. Carraro, Adelaide, op. cit., p. 113.

dúvida, em grande parte, responsável (mas não o único) pelos desvios sexuais que vão, por exemplo, da pedofilia ao sadomasoquismo, produtos da desinformação sobre a sexualidade. Não é a toa que pais autoritários inculcam uma certa culpalidade sexual a seus filhos (ainda quando crianças, em idades em que o domínio dos pais é total), justamente com o intuito de reprimir seu desejo sexual pelo parceiro ou parceira. Até mesmo o pai com idéias revolucionárias, freqüentemente as deixa de lado, como nos mostra Wihelm Reich, para se converter "no patriarca brutal e no déspota de sua mulher e de seus filhos. Desse modo serve de maneira completamente inconsciente a reação política[10].

O resultado, as conseqüências, enfim, da repressão sexual imposta pelo Estado, via instituição familiar, alcança proporções que atingem, entre outras coisas, o desequilíbrio psíquico e sexual do indivíduo. Além do problema já citado anteriormente esse é também, sem dúvida, um dos caminhos que invariávelmente conduzem aos desvios sexuais. Aliás, esta questão (a dos desvios sexuais) constitui um dos principais temas de toda a paraliteratura nacional voltada para a sexualidade, o erotismo, enfim, para a relação corporal.

A grande maioria dos autores da paraliteratura nacional trabalha os desvios sexuais em seus livros, como se eles fossem simplesmente produtos da infelicidade pessoal, como se o indivíduo, por um desses infortúinios da vida, fosse predestinado ao homossexualismo, ao sadomasoquismo, ao fetichismo, ao travestismo, enfim, a todas as formas que se caracterizam como desvios sexuais[11]. Outros, porém, nem questionam essa situação. Já a admitem como algo plenamente normal, como um comportamento sexual idêntico ao heterossexual.

---

10. Reich, Wilhelm. *La lucha sexual de los jóvenes,* p. 120.

11. Anthony Storr, psicanalista inglês, em seu trabalho, *Sexual deviation* analisa nada menos do que dez tipos diferentes de desvios sexuais.

Cassandra Rios fez isso em *A borboleta branca*; Brigite Bijou, cujo nome verdadeiro é Al Trebla, o faz em *Motel Nove* e *Vamos querida*; Márcia Fagundes Varela o faz em *Voragem do desejo* e *Sexo super-consumo* e Adelaide segue a mesma linha em *O castrado*, *Sexo proibido* e *A verdadeira estória de um assassino*, para citar alguns.

Precisamos, porém, acrescentar algo mais preciso e tornar mais clara a questão. Para isso, nada melhor do que trabalhar com o próprio conteúdo da obra. É através da análise da narrativa que poderemos constatar a importância dos desvios sexuais e os seus efeitos na paraliteratura nacional.

Comecemos pela obra de Adelaide Carraro. Em A *verdadeira estória de um assassino*, a Autora narra as andanças de Lanterna, um criminoso preso, morando no pavilhão vinte e dois da Casa de Detenção em São Paulo. Depois de relatar toda a sua admiração pela obra de Adelaide, o prisioneiro lamenta profundamente não tê-la conhecido antes e acrescenta, segundo a própria Autora: "Juro, Adelaide, que se eu tivesse lido seus livros antes de ser um assassino, eu não o seria". Dentre as diversas situações por que passou Lanterna, uma delas nesse instante, nos interessa mais de perto. Trata-se de uma mulher rica com a qual ele terá uma relação sexual. Após várias tentativas de levá-la ao orgasmo, todas elas sem nenhum sucesso, Lanterna pensa alto provocando o seguinte diálogo:

— *Mas deve haver um modo de você gozar.*

— *Tem.*

— *E qual é?*

— *Não gosto de falar.*

— *Fale, vá, quem sabe a gente dá um jeito.* — *Não. É chato tocar no assunto.*

— *Fale; juro que a ajudarei.*

— *Bem, se é assim, se você prometer me arranjar uma... Uma...*

— *Olhe, meu caso é o seguinte. Só gozo se ver (sic) uma pessoa sofrer. Digamos, enquanto eu estou tendo relações preciso ver alguém ser espancado até sangrar.*

Aí eu me deleito e fico uns meses tendo relações sexuais (...). O que eu preciso é ser sacudida pelo choque mais violento possível e esse efeito eu obtive um mês quando vi uma menina ser espancada e deflorada por um de nossos amigos que tinha o maior pênis do mundo. Ele a raspou, fazendo o sangue esguichar por todos os lados. Aí eu...[12]

Este é apenas um diálogo dos muitos que permeiam a obra de Adelaide Carraro. Quase sempre eles exploram os desvios sexuais, os complexos de perseguição, de inferioridade, de culpa, enfim, toda uma gama de valores e de fenômenos sexuais decorrentes da desinformação do indivíduo sobre a sexualidade.. É preciso ainda acrescentar a intenção da Aurora quando trabalha esse tema.

Indagada por nós sobre a presença sempre marcante do erotismo em seus livro, obtivemos a seguinte resposta: "A função é mostrar a realidade. A relação sexual é sempre igual. Nos meus livros elas aparecem como necessárias ao problema do indivíduo, porque cada um tem problemas sexuais, e eu mostro esses problemas. Uso a cena conforme o personagem. Se há romantismo no personagem, eu mostro, se há sadismo eu mostro também".

Aqui, no entanto, surgem algumas questões que exigem não só um esclarecimento maior, mas também uma discussão mais apurada. É fora de dúvida que o depoimento de Adelaide é extremamente bem-intencionado. Está claro também que, em seus livros, e em tudo o que escreve, há o nítido propósito em dar ao ato sexual um conteúdo mais realista possível. O problema é que a intenção (aliás, compreensível e louvável no plano teórico) não se realiza efetivamente. E o realismo pretendido pela Autora se perde na desinformação das diversas funções que pode ter a sexualidade. Os desvios sexuais em sua obra são sempre produtos de problemas pessoais, da eventual má índole das personagens e nunca um fato decorrente da falta de educa-

---

12. Carraro, Adelaide. A *verdadeira estória de um assassino*, p. 117-8.

ção e de desenvolvimento sexual sadios; nunca um problema de origem sociocultural. Nesse sentido, o problema dos desvios da sexualidade se reduz a uma questão de caráter do indivíduo, fazendo desaparecer na aparência os problemas maiores que efetivamente os geraram. Adelaide, como todos os outros escritores que trabalham com a paraliteratura (pelo menos aqueles do nosso conhecimento, além dos que já citamos), incorrem, a nosso ver, nessa visão um tanto maniqueísta da sexualidade: toda pessoa que possui um comportamento sexualmente anormal (conceito bastante subjetivo e impreciso) e vista é identificada como criminosa.

Isto ocorre, por exemplo, em *Doze mulheres e um andrógino*, de Roy Thomas; em *Tessa, a gata*, de Cassandra Rios; em *Memórias eróticas* de frei Saturnino, de autor desconhecido, além de *Sexo proibido,* de Adelaide Carraro. Em todos eles, as pessoas que apresentam algum desvio sexual são sempre culpadas e nunca têm caráter. São sórdidos e desprezíveis. Enfim, são sempre vilões nas estórias.

Por outro lado, quando uma pessoa, ao se relacionar com outra, apresenta comportamentos sexuais normais[13], aí então ela é bem vista, decente, e merece a consideração e o respeito de todos. Estamos, assim, portanto, diante de uma nova ética: a do universo maniqueísta da sexualidade. Os "anormais", a sociedade deve repudiá-los, por serem maus, perversos e devassos. Esses devem ser condenados. Os "normais" têm livre ação, sem interferência de ninguém. Eles são de boa índole e, portanto, não devem ser molestados. Ao contrário, devem ter sempre o amparo da Justiça e da Lei. Esta é, precisamente, a concepção que permeia toda a obra de Adelaide Carraro, sem nenhuma exceção, quando resolve introduzir, em seus romances, personagens que apresentam desvios sexuais.

---

13. O psicanalista Anthony Storr discute exaustivamente os conceitos de comportamento sexual normal e anormal, mas reconhece que é muito difícil, se não impossível, estabelecer limites precisos daquilo que é normal e anormal na relação sexual.

Parece-nos desnecessário voltar a citar novos exemplos. A nosso ver, os casos já mencionados em *Eu e o Governador* e em *A verdadeira estória de um assassino* são suficientemente convincentes neste aspecto. Mesmo porque, como acabamos de citar, em qualquer livro de Adelaide sobre esse tema, a versão tem sido sempre a mesma. E aqui nos parece o momento certo para citar a reportagem feita pelo jornalista Fernando Portela, publicada na Revista *Status*[14], com o seguinte título "A escandalosa Adelaide Carraro, uma mulher moralista". Nesse trabalho, o Autor nos dá uma síntese muito boa de como ele vê a obra de Adelaide:

... *o Freud mal administrado nas relações das mulheres e o reconhecimento da supremacia masculina, espalhando a corrupção. Um mundo radicalizado entre o Bem e o Mal, recheado de associações de idéias: os inocentes são vítimas eternas, os culpados nunca têm caráter, o povo é passivo, e a política só se relaciona com pênis mirabolantes e vulvas fantásticas.*

Há, neste trecho, uma visão muito clara do moralismo de Adelaide. Do mesmo modo, a questão da sexualidade só passa a ter importância política quando entra em cena o jogo de interesses como vimos anteriormente.

Precisamos, dizer, porém, algumas palavras a respeito da obra de Cassandra Rios. Juntamente com Adelaide é uma das duas escritoras mais importantes da paraliteratura brasileira, se levarmos em conta os fatores popularidade e número de obras publicadas. É também escritora que usa a sexualidade como tema central de sua obra, embora o faça de forma diferente.

Em seus 49 livros publicados – três inéditos a serem publicados no Exterior – Cassandra Rios só não aborda o homossexualismo em dois. São eles: *O bruxo espanhol* e *As mulheres dos cabelos de metal*, suas primeiras incursões pelos caminhos da ficção científica, sem, no entanto, abandonar inteiramente o erotismo. Não há dúvida, por outro

---

14. Revista *Status*, n.º 73. p. 96.

lado, que sua obra está plenamente caracterizada junto ao leitor como um trabalho fortemente voltado para a homossexualidade. Aliás, a própria Autora reconhece isso, num depoimento que fez ao programa "Bastidores", em 28-1-1982, da Televisão Bandeirantes. Nesse aspecto, Cassandra sempre manteve a preocupação de explicar em pormenores (o que já não ocorre com Adelaide), o seu tema preferido. É mais ou menos como alguém que descobre um filão muito rico e procura levá-lo às últimas conseqüências. Diremos até que a Autora não tem apenas a intenção de fazer literatura, mas, também, de fornecer subsídios para futuros estudos acerca do comportamento homossexual. Assim, dada a extrema importância do homossexualismo em sua obra, torna-se imprescindível, antes de mais nada, sabermos como a Autora encara essa questão.

Entrevistada pelo *Pasquim*, de 20 a 26-8-1976, ela resume seu pensamento da seguinte forma:

> *Pra mim, o homossexualismo é uma forma especial de amar, como qualquer outra forma especial de amor. É um modo diferente, um jeito de amar. Tudo é amor. Desde que haja amor, não há depravação. Nem é pornografia. Um dia meus livros poderão servir como estudo do modo de vida dessas criaturas, do relacionamento entre elas, de como pensam e o que sentem. O homossexual é um ser humano igual a qualquer outro.*

Não entraremos aqui numa discussão mais profunda sobre a homossexualidade. Estamos, no entanto, interessados apenas em seus aspectos essenciais. Há uma vasta bibliografia sobre o assunto e é quase impossível examiná-la a fundo num trabalho como o nosso, cuja proposta básica está no impacto social da paraliteratura. De qualquer modo, queremos registrar que nossa concepção sobre este assunto é bastante diferente daquela defendida por Cassandra Rios. A nosso juízo, seu conceito romântico e aparentemente desprovido de qualquer conseqüência social e política contém alguns problemas. Está, na verdade permeado de valores que demonstram fundamentalmente um pseudoliberalismo e não nos conduz a soluções viáveis. Ao contrário, terminam reforçando ainda mais as distorções da educação sexual burguesa. Nesse momento, a obra de Cassandra se identifica com a de Adelaide. A mesma função da relação heterossexual em Adelaide, aparece agora na relação homossexual em Cassandra. Em ambas, como já vimos em Adelaide, os desvios sexuais são meros produtos da índole do indivíduo e nunca o resultado, a conseqüência de uma eventual falta de educação sexual. A questão social e política da sexualidade é deixada de lado.

É claro que nossas observações não têm a intenção de cobrar uma posição política das Autoras. Não nos parece uma medida correta. Visam, isto sim, instigar o debate, a discussão acerca de suas obras, que são, a nosso ver, sempre muito polêmicas justamente por estarem carregadas de tons moralistas e pseudoliberais. Não se trata aqui, naturalmente, de julgar o valor do trabalho profissional das Autoras. Esta é uma tarefa que o especialista em literatura realizaria bem melhor do que nós. Trata-se, na verdade, de colocar em princípio a questão dos efeitos sociais de ambas as obras junto ao leitor. Conservadoras e moralistas, são obras que semeiam a ética puritana da sexualidade, com prejuízo único e exclusivo do leitor. Se sua informação sobre o assunto era pequena, certamente não será enriquecida após a leitura de um livro de Adelaide, de Cassandra ou de qualquer outro escritor da paraliteratura brasileira que trabalhe com o mesmo tema. Ao contrário, ele poderá até mesmo absorver concepções deformadas da sexualidade. Entre outras coisas, nos casos de Adelaide e de Cassandra (embora não sejam exceções), porque as Autoras tratam dos desvios sexuais, sua matéria-prima, sem nenhum critério, sem a mínima possibilidade de acrescentar ao leitor qualquer conhecimento desses problemas: Ao contrário, o estigma e a utopia estão sempre presentes nas imagens criadas pelas Autoras. A narrativa sistematicamente respalda-se no reducionismo e no simplismo do lugar-comum. Nesses termos, o conhecimento dos desvios sexuais não passa daquilo que já é de domínio público. Nem por isso essas obras deixam de ser grande sucesso de venda, e, talvez, por isso mesmo o sejam.

A questão do homossexualismo, contudo, continua aberta e não poderia ser discutida (quanto mais resolvida) seriamente a não ser mediante a realização de uma pesquisa profunda da psicanálise e da sociologia. E parece-nos que Wilhelm Reich (a despeito do eventual dogmatismo de sua obra) foi o estudioso que mais se aproximou dessa meta. Foi com extremo rigor científico que o Autor escreveu sobre a homossexualidade. Partindo da afirmação científica de que, *a priori*, todo ser humano tem comprovadamente uma disposição bissexual nos planos físico e psíquico, Reich vai à gênese da questão. Atribuindo ao hermafroditismo a única possibilidade de se ter um homossexual determinado por causas físicas, o Autor acrescenta:

> *O homem tem num lugar determinado de seu órgão sexual os vestígios de uma vagina, e o clitóris da mulher não é outra coisa senão um órgão sexual masculino atrofiado. As mamas são também seios não desenvolvidos.*
>
> *Assim, pois, existem homens nos quais os atributos do outro sexo — que comumente são informes — se desenvolveram em grande parte ao mesmo tempo que seu próprio sexo; desse modo nos encontramos com dois órgãos sexuais que coexistem um ao lado do outro e se combinam. A estes seres se lhes chama "hermefroditas".*[15]

---

15. Reich, Wilhelm. Op. cit., p. 93-94. O editor francês deste livro fez observações que reputamos da mais alta importância para melhor compreensão da homossexualidade do hermafroditismo. Embora muito longa, a citação se fez imprescindível. Vejamo-la: "Desde o aparecimento deste livro houve muitos progressos no conhecimento das síndromes analisadas aqui. Eles contradizem as teorias do autor no tocante ao que constitui para ele uma possível explicação da homossexualidade.

Tais progressos se relacionam com o conhecimento dos cromossomos. Estes são pequenos fragmentos que se encontram no núcleo de todas as células. Sua forma e seu número são fixos e imutáveis para cada uma das células das diferentes espécies de inidivíduos. Na espécie humana, o número de cromossomos é de 46, que se dividem em dois grupos de 23. Em cada um desses grupos, 22 cromossomos contêm as características correspondentes ao corpo e ao caráter do indivíduo, e o último é um cromossomo sexual. Na mulher existem 2 cromossomos "X", no homem junto ao cromosso "X" há um pequeno cromossomo chamado + XX, e a masculina, 44 cromossomos + XY. No momento da fecundação os cromossos sofrem uma divisão e se formam em dois grupos de 23: os óvulos se dividem em dois grupos idênticos de 22+X (de fato o último cromossomo da mulher é sempre

Mas a nosso juízo, a maior contribuição de Reich para o estudo profundo da homossexualidade não está na constatação das eventuais anomalias biológicas. Estas, segundo ele mesmo, são muito pouco freqüentes. Aliás, o próprio Autor deixa claro que a maioria dos homossexuais é plenamente normal em sua constituição física. A maior contribuição de Reich sobre o tema, a nosso ver, consiste precisamente em detectar certas sutilezas emergentes do plano social e político que, de uma forma ou de outra, conduzem a pessoa à prática do homossexualismo. E no decorrer da análise pode-se notar que elas se tornam tão claras quanto cientificamente verdadeiras. Iniciando sua pesquisa, Reich acredita que o homossexualismo pode, entre outras, advir do desenvolvimento sexual defeituoso na primeira infância, onde ocorrera, prematuramente, uma experiência mal sucedida com o sexo oposto[16]. Da mesma forma, o acúmulo de decepções amorosas junto à mãe, consciente ou inconscientemente autori-

---

um X). Pelo contrário, os espermatozóides, no momento da fecundação, originam dois grupos diferentes: um de 23 cromossomos + X e outro de 23 cromossomos + Y. Assim se determina o sexo dos indivíduos: a união de um espermatozóide X com o óvulo dará a fórmula XX, correspondente a uma mulher. A união do espermatozóide Y dará a fórmula XY, que corresponde ao sexo masculino.

Atualmente é possível desenvolver os cromossomos nas células para isolá-los e fotografá-los. É assim que se tem encontrado algumas anomalias: tem-se descoberto algumas vezes núcleos com 47 cromossomos, ou seja, quem tinha um cromossomo suplementar, que era um cromossomo sexual de tipo X: por exemplo, a fórmula sexual do indivíduo correspondia a XXY, em lugar de XY.

Em outros casos, existe a anomalia inversa: não há senão 45 cromossomos, e o que falta é o cromossomo Y, de modo que a fórmula correspondia a XO.

Na atualidade se sabe que nestes casos não se trata de uma mulher disfarçada de homem ou de um homem disfarçado de mulher, mas sim de uma anomalia dos cromossomos que, ainda que não impeça o desenvolvimento físico, implica modificações nas células sexuais. Comprovou-se também que nos hermafroditas, que são casos muito excepcionais. os cromossomos são normais.

16. Aliás, a afirmação de Reich tem o pleno respaldo de Freud. No trabalho intitulado "A sexualidade infantil" (In: *Três ensaios sobre a teoria da sexualidade*. Liv. 2, cap. II, p. 67-1021, Freud fez uma extensa análise do comportamento sexual infantil.

tária, pode levar facilmente a criança à homossexualidade. O medo, o temor de sofrer novas decepções no plano sexual levaria a criança à repulsa pelo sexo oposto, como estratégia de autodefesa. O desdobramento desse fato, ou seja, o passo seguinte seria, ainda como forma de defesa contra novas decepções, a natural procura de maior identidade com o seu próprio sexo. A certeza de que estaria a salvo de novas frustrações. Assim, após a experiência traumatizante, a criança estaria cada vez mais se distanciando do sexo oposto para voltar-se ao seu. Não custa repetir que toda essa situação é quase sempre produto da repressão dos pais sobre ela.

É de se pensar que, no decorrer do tempo, quando a criança atingir novo estágio em seu desenvolvimento, o problema esteja naturalmente sanado. Mas isto efetivamente não ocorre. Pelo menos não é regra geral. E, neste aspecto, a própria observação empírica dos fatos nos autoriza a afirmar que não é assim. De acordo com Wilhelm Reich, quando adultos, as pessoas não conseguem lembrar as experiências por que passaram. Sendo assim, é de se supor, também, que não saibam explicar convincentemente seu comportamento homossexual. Retomar todo esse quadro vivido na infância só seria possível, segundo Reich, através de um tipo especial de tratamento psíquico: a psicanálise.

Seja como for, o fato é que Reich não está só nessa forma específica de encarar uma das gêneses da homossexualidade. Além do apoio de Freud mencionado anteriormente, o psicanalista inglês Anthony Storr, em recente estudo sobre os desvios sexuais, se solidariza com suas teorias. Analisando as relações homossexuais masculinas e a possível interferência de eventuais anormalidades cromossômicas, o Autor completa seu raciocínio, acreditando que a homossexualidade advém muito mais de causas psicossociais, de um desenvolvimento sexual defeituoso e raramente de anomalias biológicas. É precisamente neste aspecto que o Autor endossa a teoria reichiana. Convém assinalar essa identidade com suas próprias palavras, principalmente pela clareza do raciocínio:

Quer os fatores genéticos tenham ou não certa importância, há muitos indícios de que o homossexual se faz, não nasce feito, e a preferência sexual na idade adulta é determinada pelas influências emocionais as quais a criança esteve exposta durante a primeira infância[17].

Mais adiante, para corroborar seus pensamentos, o Autor acrescenta que as pesquisas realizadas entre famílias inglesas de homossexuais forneceram resultados que constatam a influência familiar como algo determinante no processo de formação de uma criança homossexual.

Ainda que um tanto longa, a citação abaixo é duplamente importante: primeiramente, porque sintetiza todo o pensamento do Autor acerca da gênese psicossocial da homossexualidade, e, em segundo lugar, porque nos permite encerrar a primeira etapa desta questão. Analisando a relação familiar, os padrões de comportamento entre pais e filhos, Anthony Storr faz observações que, embora não sejam de todo desconhecidas, são, neste momento, muito pertinentes ao nosso trabalho:

Dentre esses padrões o mais comum é o de um pai que se desliga do filho, e lhe demonstra pouca afeição ou é realmente hostil para com ele, combinado com uma mãe que mostra extrema intimidade e é superemotiva. Essa combinação específica tende a produzir homossexualidade por vários motivos. Para que um menino em desenvolvimento descubra sua própria masculinidade, ele precisa de um modelo masculino com o qual se identifique. Conforme afirmamos no capítulo 3, o pai é o homem com o qual o menino se identifica mais estreitamente em primeiro lugar; esse processo é facilitado se a atitude do pai para com a criança é de encorajamento afetuoso. Muitos pais, entretanto, são indiferentes ou, na realidade, têm ciúmes dos filhos, e nesses casos o filho pode rejeitar o pai e procurar ser tão diferente dele quanto possível. O temor de um pai hostil pode também resultar em tornar o filho tímido e incapaz de afirmar-se física ou mentalmente. Um medo excessivo de dano físico é mais facilmente encontrado nos homens homossexuais do que nos heterossexuais.

Quando essa relação negativa com o pai é acompanhada por uma relação particularmente íntima com a mãe há possibilidade de ocorrência da

---

17. Storr, Anthony. *Sexual deviation*, p. 77.

homossexualidade. Descobriu-se que em muitos casos o filho que se torna homossexual é o confidente e o favorito da mãe. Esse estreito vínculo emocional, que freqüentemente é acompanhado de carícias físicas excessivas, tende a despertar um erotismo precoce no menino, embora simultaneamente negue sua realização. Um aspecto característico do comportamento erótico dos homossexuais é que, em comparação com o dos heterossexuais, ele tende a começar numa idade mais precoce[18].

Até aqui discutimos os problemas inerentes à homossexualidade determinada durante a infância. Mesmo assim, não se trata aqui de apreciações rígidas e consumadas. Trata-se, isto sim, de um fenômeno, de uma probabilidade freqüentemente confirmada, mas que não é geral e, sobretudo, que não é uma questão absolutamente fechada.

Assim, apesar de toda a riqueza de análise e de minúcias dadas por Reich e Storr, convém manter-se uma certa cautela em face da extrema complexidade que a questão apresenta. Não se trata, obviamente, de refutar as teorias apresentadas pelos Autores. Ao contrário, nós as temos como verdades científicas. Nosso objetivo, no entanto, é justamente o de deixar uma fresta para a discussão de futuras novas teorias sobre o assunto. É preciso notar que algumas verdades científicas, algumas teorias consagradas no passado simplesmente perderam seu valor enquanto tal ou receberam complementos fecundos, capazes de transformar parcialmente a imagem que se tinha dessa verdade ou dessa teoria. O aprimoramento da ciência e das teorias científicas nos autorizam a pensar assim. No mais, não há nada, a nosso ver, para se questionar as teses dos Autores.

Antes de deixarmos de lado os aspectos teóricos que envolvem a homossexualidade, queremos retomar rapidamente uma questão levantada por Reich. Partindo da afirmativa de que a homossexualidade é produto de desenvolvimento sexual defeituoso o Autor não pára aí. Para ele, a maioria dos homossexuais, pela sua própria condição, traz consigo transtornos psíquicos e quase sempre "padecem de uma neurose".

---

18. Storr, Anthony. Op. cit., p. 79-80.

Esta última observação nos conduz, necessariamente, a um outro problema próximo: a natural reação dos homossexuais. Trata-se, evidentemente, de refutar a afirmação segundo a qual o comportamento homossexual é o reflexo de uma "enfermidade social"[19] ou o produto final de um desvio do desenvolvimento sexual. Contudo, não é precisamente dessa forma que ele enxerga sua homossexualidade. Ao contrário, o homossexual considera observações dessa ordem um desrespeito às suas preferências sexuais e, sobretudo, resultado de um preconceito determinado, imposto pelo *establishment*, via aparelhos ideológicos do Estado.

Em outubro de 1981, o jornal *Folha de São Paulo*, organizou um debate público em seu auditório cujo tema era precisamente o homossexualismo. E, mais recentemente, o mesmo matutino reuniu no *Folhetim* nº 260, de 10/1/82, artigos de alguns profissionais falando sobre o mesmo tema. Desse debate retiramos alguns depoimentos dos participantes para citar neste estudo. Nossa intenção é justamente a de registrar a opinião daquelas pessoas que vêem o homossexualismo de forma radicalmente diferente da de Wilhelm Reich e, de certo modo, de Anthony Storr. Refutando inteiramente as idéias de Reich (não sabemos se de forma intencional ou intuitivamente, pois ninguém citou seu nome nem se reportou às suas palavras) os profissionais convidados vêem a homossexualidade da seguinte forma:

Homossexualidade é uma definição que confina e não abrange a multiplicidade do acontecer sexual, sendo apenas uma de suas possibilidades. As pessoas não cabem dentro de rótulos. Fala-se tanto nas motivações da opção homossexual em seus aspectos físicos, psicológicos, mas não se questiona a escolha heterossexual, decidida e imposta pela sociedade que a condiciona desde a infância, pela educação e sanções de toda ordem, impostas a qualquer outra inclinação. (Anésia Pacheco Chaves).

A sociedade pressiona no sentido da opção heterossexual, sobre a qual toda a sua estrutura está montada, desde a família patriarcal, até, junto a esta, a propriedade

---

19. A expressão é nossa.

privada, o poder de Estado e a hierarquia. (Anésia Pacheco Chaves). *Não há qualquer razão afetiva para que se classifique a homossexualidade como um estado patológico, e a heterossexualidade como um estado normal.* (Flávio Gikovate) *Não existe homossexualidade ou heterossexualidade, e, sim, a sexualidade com grandes nuances e variações, como um leque de inúmeras opções.* (Darci Penteado).

Há ainda outras formas de se encarar a homossexualidade. Freqüentemente, ouvimos homossexuais se autodefinirem como integrantes do "sexo alternativo" ou do "terceiro sexo", ou como membros do movimento *gay* e, de forma um pouco mais sofisticada, como "entendidos". Estas expressões, aliás, são as mais usuais e, coincidentemente, as mais usadas nos livros de Adelaide Carraro e de Cassandra Rios.

O fato é que, de uma forma ou de outra, como vimos, tudo leva a crer que os homossexuais não aceitam (pelo menos publicamente) a idéia de que a homossexualidade advém quase sempre de distúrbios psicossociais e até mesmo da administração de uma política social autoritária, como demonstram Reich e outros estudiosos contemporâneos como Anthony Storr e Ronald Laing, por exemplo.

Sabemos, no entanto, que as afirmações acima não têm a preocupação nem a intenção de justificar cientificamente a questão. Elas objetivam, em primeiro lugar, a defesa pessoal de quem falou, e, como conseqüência disso, a defesa da própria instituição da homossexualidade e, em segundo lugar, a defesa contra o preconceito que realmente parece haver quando dela se fala.

A partir desta forma de encarar o problema, torna-se quase obrigatória uma pergunta: haverá, hoje, alguma maneira de justificar cientificamente a homossexualidade como uma atividade sexual normal? Na verdade, o termo "normal" procura dar conta de saber até onde essa atividade é capaz de propiciar o prazer do orgasmo com a mesma intensidade (ou, eventualmente, até maior) que a heterossexualidade. Claro, esta não é uma pergunta fácil de se responder. Além de as opiniões a esse respeito não serem unânimes, parece que o próprio comportamento homossexual não foi ainda suficientemente estudado em todas as nuances que ele apresenta.

Apesar disso, achamos oportuno citar uma outra parte da pesquisa empreendida por Anthony Storr. Embora não responda inteiramente a questão, pelo menos nos abre a possibilidade de aprofundá-la um pouco mais para tentarmos entendê-la melhor. Vejamos o que diz o autor:

> *A crença de que um homem é necessariamente homossexual ou heterossexual de maneira nítida não pode ser comprovada. Há homossexuais cujas preferências se aproximam tanto da heterossexualidade que bastaria um pequeno esforço para dirigir suas emoções para um caminho normal. Outros são francamente bissexuais e satisfazem-se com relações sexuais com homens ou mulheres, de acordo com a oportunidade. Outros ainda preferem um parceiro masculino, mas, ocasionalmente, têm prazer no espetáculo, imaginário ou real, do parceiro mantendo relações sexuais com uma mulher, atividade que eles próprios não ousariam praticar*[20].

Diante das palavras de Storr, parece-nos, tornar-se ainda mais difícil se chegar a um consenso acerca da intensidade do orgasmo e do prazer homossexual. O Autor nos apresenta um quadro de comportamento tão difuso e tão ambíguo dos homossexuais em suas relações amorosas, que agora torna-se ainda mais problemática qualquer apreciação científica. Seria necessário muito tempo de pesquisa. Aliás, o próprio Storr, a partir deste instante, passa a ser bastante comedido e cauteloso em relação ao problema.

Uma coisa é você detectar cientificamente os mais diversos comportamentos homossexuais, como Storr o fez; outra coisa, no entanto, é descobrir a intensidade do prazer que eles podem propiciar aos seus participantes, como Storr não o fez. Não há, em seu trabalho, nenhuma tentativa de explicar cientificamente esta questão. Certamente, esta é uma das razões (e provavelmente a principal) da sua cautela. Mas é bom saber, também, que o Autor não comete a simples omissão. Ao contrário, ele tem plena consciência de que o problema é dos mais complexos e merece, de sua parte, futuras pesquisas e reflexões.

---

20. Storr. Anthony. Op. cit., p. 84.

Ja Wilhelm Reich, resolve correr riscos maiores. Não sem motivos, claro. Suas pesquisas o levaram a fazer afirmações mais revolucionárias (ou mais arriscadas, talvez) do que as de Storr. Com seus trabalhos, a questão da homossexualidade (a bem dizer, toda a sexualidade) passou a ter importância não apenas no plano das relações amorosas, mas também (e principalmente) no seu aspecto político. Demonstrando profundo conhecimento das questões que envolvem a homossexualidade e argumentando com muita consciência, Reich nos apresenta alguns motivos para não a aceitarmos, simplesmente. E um deles é precisamente a diferença de intensidade do prazer, que ele prefere chamar de "economia sexual". Segundo sua interpretação, a relação heterossexual propicia maior satisfação orgástica do que a homossexual. Embora suas informações sobre o tema não sejam suficientes para comprovar esse fato, vale destacar que o Autor admite plenamente sua comprovação. Ao contrário de Storr, um pouco mais comedido nesse aspecto, Reich apresenta os seguintes argumentos sobre a homossexualidade:

> *Há que se opor a isto por razões puramente científicas. Antes de tudo é necessário preservar aos jovens de entregarem-se definitivamente à homossexualidade, não por causas morais mas sim por motivos de pura economia sexual. Pode-se comprovar que a satisfação sexual média no indivíduo heterossexual sadio é mais intensa que a do homossexual também sadio. E isto tem uma grande importância quando se trata de regulação da economia psíquica. Aos muitos homossexuais que afirmam representar uma espécie sexual particular e não um caso de desenvolvimento sexual defeituoso, devemos opor-lhe o decisivo argumento seguinte: todo homossexual pode deixar de sê-lo seguindo um tratamento psíquico determinado; mas nunca sucede que um indivíduo normalmente desenvolvido se converta em homossexual depois de submeter-se a esse mesmo tratamento[21].*

---

21 Reich. Wilhelm. Op. cit., p. 96.

Com esse argumentos, claros e contundentes, a questão modifica-se uma vez mais, ou seja, torna-se, pelo menos para nós, ainda mais complexa. Se as posições ponderadas de Storr, de certo modo nos conduziam ao vazio quanto a uma possível definição conceitual da homossexualidade, com Wilhelm Reich a situação ganha outra imagem. A segurança com que coloca seus argumentos e a intenção de justificar cientificamente a improcedência da homossexualidade nos levou a repensá-la. Por outro lado, não estamos suficientemente seguros de que Reich esteja com a razão. Mas não estamos também seguros quanto a posição que devemos assumir diante da homossexualidade. Sabemos que realmente devemos (e é imprescindível) repensá-la. Não nos agrada aceitar essa indefinição, ainda que por pouco tempo. De qualquer forma, parece-nos um recurso melhor e mais sensato do que assumir posições imaturas e precipitadas. Poder-se-ia pensar que outros autores talvez nos aclarassem um pouco mais a questão e nos levassem a concluir algo sobre a homossexualidade. E foi isso o que fizemos. Consultamos outros estudiosos do assunto e nossa escolha por Wilhelm Reich e Anthony Storr não foi aleatória. Entre os autores consultados são os que se aprofundaram mais na análise do problema. Apenas para citar um exemplo, Michael Schofield em seu livro, *Sociological aspects of homosexuality*, em momento algum se manifesta quanto à improcedência ou não da homossexualidade. Outros teóricos de orientação freudiana como, por exemplo, Theodor Reik, *Masochism in modern man*, seguem, com pequenas nuances, mais ou menos a linha de raciocínio de Wilhelm Reich. Discuti-los, portanto, não acrescentaria outras opções. Nenhum autor, nesse aspecto, concebe a homossexualidade como uma possível "nova ordem sexual"[22].

E, agora, para concluir estas observações (cujo caráter introdutório nos parece indispensável), gostaríamos de dizer mais algumas palavras

---

22. O ensaísta Guy Hocquenghem, em seu trabalho *A contestação homossexual*, de certo modo acredita no homossexualismo como nova opção para a sexualidade, ou como ele mesmo diz uma nova "militância homossexual". Vale acrescentar, finalmente, que o Autor assume, do início ao fim do seu trabalho, a condição de homossexual.

sobre a homossexualidade nos livros de Adelaide e de Cassandra. Das duas, Cassandra, sem dúvida, utiliza mais essa temática. No entanto, como já vimos anteriormente, em nenhum momento a Autora admite a possibilidade de que o homossexualismo seja produto do desajustamento familiar ou que tenha qualquer outra origem que não seja a mera opção pelo amor masculino ou feminino. É claro que a situação é muito mais complexa. Entre todos os fenômenos que podem levar uma pessoa ao homossexualismo, certamente a simples opção pelo amor masculino ou feminino não deve sequer ser levada em conta. É evidente que por trás dessa opção subjazem problemas mais sérios. E são precisamente eles o fator determinante. Aliás, não se trata propriamente de uma escolha, mas sim de alguns fatores que terminam conduzindo o indivíduo à homossexualidade, à sua própria revelia.

Embora as declarações de Cassandra Rios não sejam exatamente conflitantes com a explicação científica da homossexualidade, é certo que no decorrer da sua obra emergem algumas contradições. Seus depoimentos – veja-se o *Pasquim* já citado – são, pelo menos em parte, incompatíveis com o que escreve. Mas isso, efetivamente, não nos preocupa nem deve ser visto como demérito ao seu trabalho. Ao contrário, é justamente nessa contradição que residem alguns méritos da sua obra. Em diversas ocasiões, Casandra deixa implícita a idéia de que o homossexualismo é uma questão maior do que a simples escolha amorosa de um parceiro do mesmo sexo. Isto ocorre com muita clareza, por exemplo, em A *borboleta branca,* a nosso juízo, seu melhor romance.

A história está centrada em três personagens principais: Felipe, um cidadão de meia-idade, desquitado, viciado em jogo e alcoólatra; Fernanda, suposta filha de Felipe, muito cedo ficou sem sua mãe (separou-se de Felipe) e foi criada por seu pai; Paula, alcoólatra e jogadora, tia de Fernanda que só a conheceu aos dezessete anos.

Rigorosamente, a narrativa gira em torno do pleno desajustamento familiar de Fernanda. Sem a assistência de Felipe, uma pessoa autoritária, cujos interesses estão voltados para o jogo e o álcool, lhe falta o mínimo de informações para direcionar sua vida. Despreparada e solitária, Fernanda passa a viver problemas emocionais que caracterizam uma adolescente na sua situação. É nesse momento que ela canaliza todo o afeto para sua tia Paula, com quem terá o primeiro contato homossexual. A partir daí, haverá diversos outros contatos entre ambas, bem como a inclusão de terceiras pessoas.

É certamente diante desse clima vivido por Fernanda que poderemos extrair algumas conclusões. A confusa situação familiar desde a infância, os transtornos psíquicos por que passou e o autoritarismo do pai que não admitia o diálogo, são motivos suficientemente fortes, segundo os especialistas, para se refletir de alguma forma no seu comportamento sexual. E, mais do que isso: após algumas experiências homossexuais, Fernanda tenta o suicídio por duas vezes, sem no entanto concretizá-lo.

Esta rápida apreciação permite-nos compreender e até mesmo detectar alguns valores subentendidos nesta obra de Cassandra. Embora não tenha sido a sua intenção (aliás, isto é o menos importante), o fato é que o livro nos dá uma noção muito boa das conseqüências negativas do mau relacionamento entre pais e filhos.

Sem dúvida, é pouco provável compreender *A borboleta branca* sem levar em conta algumas questões de significativa importância. A primeira, o fato de que Fernanda é vítima do autoritarismo e da irresponsabilidade de seu pai. Essa irresponsabilidade, aliás, se traduz claramente, ao longo da narrativa, em displicência e negligência. Estes aspectos ficam muito claros na obra. A segunda questão é a do homossexualismo. E aqui o problema é mais da constatação teórica de alguns desajustes que podem levar a pessoa à prática sistemática da homossexualidade. Segundo Wilhelm Reich, o autoritarismo dos pais, o desencontro familiar, entre outros fatores anteriormente mencionados, poderiam ser apontados como causas da homossexualidade. E Cassandra Rios, conscientemente ou não (através da leitura de outras obras suas pode-se perceber que não foi um ato intencional), anota todas essas questões em seu trabalho. Compreende-se, com certa clareza, que a narrativa torna-se um tanto ambígua a esse respeito. Se, por um lado, em nenhum momento a Autora se preocupa ou tem a intenção de apresentar os motivos que levaram Fernanda ao homossexualismo, por outro lado, em certos momentos, nos dá a impressão de ter sido um ato de livre escolha. Contudo, ao se fazer uma leitura mais atenta, mais apurada, vê-se de imediato que os desacertos familiares, o autoritarismo do pai e o relacionamento com sua tia Paula tiveram participação efetiva na formação do seu comportamento homossexual.

Para reforçar este comentário, são necessárias ainda algumas palavras a respeito de *A borboleta branca*. Sejam quais forem as implicações da narrativa, o livro apresenta uma ambigüidade que, sem dúvida, nos permite fazer mais do que uma leitura. E isto se constitui numa exceção dentro da produção paraliterária nacional. Quase sempre ela esbarra na falta de criatividade dos seus escritores. A redundância temática (a obsessiva exploração dos desvios sexuais), o gosto pelo discurso adjetivoso, a mania pela categoria do diminutivo e o primarismo com que se trabalha a sexualidade e suas nuances conduzem a nossa paraliteratura à mesmice. E, mais do que isso, a maioria dos autores (Adelaide, Cassandra, Shirley de Queiroz etc.) trabalha os desvios sexuais de tal forma que eles perdem sua seriedade enquanto eventual problema de uma pessoa, para se transformarem numa alegoria, apenas. É, sem dúvida, uma mercadoria rentável. Não se cogita, em momento algum, a relevância política da sexualidade. Prevalecem, como seria de esperar, os valores da ética sexual puritana. E, assim, a mera citação de um desvio se esgota em si mesma. Sobra, ao leitor mais exigente, a frustração de ler um livro onde a sexualidade se baste. Aos menos exigentes, o engodo, a deformação e a desinformação sobre a sexualidade.

Nada disso, no entanto, afeta o sucesso de vendas da paraliteratura. Ao contrário, é precisamente nisso, entre outras coisas, que reside a procura expressiva dos livros de Cassandra, Adelaide, Brigite Bijou, entre outros.

Retomemos, por enquanto, a discussão de *A borboleta branca*. Das características citadas da paraliteratura (falta de criatividade, redundância temática, o gosto pelo discurso adjetivoso, a mania pela categoria do diminutivo e a exploração vulgar da sexualidade) rigorosamente ele não contém esta última. No mais, a perfeita identidade com outros romances do gênero. A nosso juízo, o destaque do livro reside precisamente em transcender a forma primária e de certo modo inconseqüente de se explorar a sexualidade na paraliteratura. O tema não esgota o conteúdo do livro. Ao contrário, o leitor mais atento perceberá que a sexualidade é apenas o acessório de uma questão bem maior. A destruição física e emocional de Fernanda, como resultado do desajustamento familiar e do autoritarismo do pai é, sem dúvida, a questão central do livro.

Quanto à análise do conteúdo ideológico da obra, independentemente do que ela possa conter de uma possível experiência pessoal, em nada deforma, a nosso ver, seu objeto principal que é a homossexualidade feminina. Se o trabalho de Cassandra, posterior à *A borboleta branca,* voltou às mesmas características (além da insistente repetição do homossexualismo como tema) dos seus trabalhos anteriores, isto não deve ser visto, de forma alguma, como um retrocesso de qualidade na sua obra. Ao contrário, o romance em questão é que se constitui num caso à parte. É provável, aliás, que estejamos diante de mais um caso (de certo modo comum, segundo Lucien Goldmann[23] em que nem mesmo o próprio Autor tem a plena consciência do conteúdo que veicula sua obra. Isto, evidentemente, na suposição (nem sempre verdadeira) de que o crítico literário consiga explicitá-lo satisfatoriamente.

---

23. Justificando a importância da análise sociológica sobre a obra literária Lucien Goldmann acrescenta que a explicação sociológica é um dos mais importantes elementos da análise de uma obra de arte, e na medida em que o materialismo dialético permite compreender melhor o conjunto dos processos históricos e sociais de uma época, permite também explicitar mais facilmente as relações entre estes processos e as obras de arte que sofreram sua influência". Em seguida, Goldmann considera que as análises puramente estéticas são insuficientes, já que é impossível julgar uma forma, fora do conteúdo afetivo e intuitivo que ela expressa. Mais adiante, quando destaca a ambigüidade da obra de arte (as possíveis leituras que dela se possa fazer), o Autor põe em evidência o trabalho e a importância da análise crítica da obra de arte. Os três problemas aqui citados já foram discutidos por nós anteriormente, quando analisamos os aspectos teóricos da literatura e da paraliteratura.

A Vingança do Metalúrgico

Se, por um lado, Cassandra Rios apresenta uma exceção – *A borboleta branca,* um livro que parece transcender a exploração vulgar da sexualidade na paraliteratura (a nosso juízo, a Autora explora muito mais os aspectos psicológicos, os problemas emocionais dos personagens, como vimos anteriormente) – o mesmo já não se pode dizer da obra de Adelaide Carraro. Pelo menos até o seu último livro, ou seja, *A vingança do metalúrgico.* Vejamos do que trata o livro.

Como sempre ocorre, a Autora procura estabelecer a estrutura da narrativa de seus romances, apoiada no binômio sexo-denúncia. Este seu último trabalho é apenas um dos que repetem essa fórmula. Embora não apresente nenhuma novidade no tocante ao estilo e à própria narrativa, convém analisá-lo justamente por causa da personagem central, Eduardo Silva (tratado como Duda), líder metalúrgico do ABC, numa clara alusão a Luís Inácio da Silva (Lula).

No entanto, ao longo da narrativa, nota-se que a questão da greve do ABC, bem como toda a luta sindical, a rigor, não tem quase nenhuma importância. Na verdade, a repressão e a tortura por que passou Duda se fundamentam precisamente numa relação amorosa entre duas crianças, impossível de se sustentar mais tarde. Duda, metalúrgico, e Ângela, filha de um industrial patrão de Duda, são os protagonistas principais do livro.

A história inicia-se com Adelaide indo à Delegacia de Polícia entrevistar o Dr. Ciro, Delegado titular. Após percorrer diversas dependências desse estabelecimento sem encontrar qualquer pessoa, ela ouve um "grito doloroso" e resolve averiguar de onde vem. Sem ninguém que a interceptasse, abre a porta de uma sala de onde vêm os gritos: a sala de torturas. Em seguida, o Delegado vem ao seu encontro, como que a surpreendendo por sua atitude de bisbilhotar. Em seguida, mantém o seguinte diálogo:

Vi você espiando pela porta. Estava dentro da sala, e saí pela porta dos fundos, para encontrá-la e pedir-lhe que esqueça o que viu, para o seu próprio bem.
— Esquecer!? O senhor está brincando. Como se esquece cena tão impressionante? Ora, doutor Ciro, nunca mais vou esquecer aquele ser humano se desfazendo em pedacinhos de carne pendurada. Juro que nunca vi tal expressão de horror num olhar humano, e os olhos dele estavam fora das órbitas. Sempre leio em jornais, revistas ou vejo pela televisão gente comentando que a Polícia espanca presos até a morte, mas nunca imaginei o que sentiria quando me visse cara a cara com uma cena destas. Olha, doutor, sinceramente foi a pior coisa que podia ter-me acontecido neste mundo. Nunca pensei que fosse me sentir tão mal, ainda mais que...
— *Ainda mais o que, Adelaide?*
— *Que conheço o rapaz. Juro que senti que o Delegado estremeceu.*
— Conhece!?
— Conheço.
— *Mas como deu para você reconhecê-lo naquele estado em que você o viu?*
— *Sei lá. Só sei que reconheci, naquela carne sangrenta, o líder dos metalúrgicos, o Duda.*
Os dedos nervosos do Delegado amassaram uma folha de papel, depois levantou o braço estendeu-o para fora da mesa e, abrindo a mão, fez com que a bola de papel caísse bem dentro do cesto, e com os olhos fixos em mim, voltou a falar.
— Sim, Adelaide. É o líder dos metalúrgicos. O Duda. Suspirou fundo — Enfim, tudo é terrível. Mas... bem... não é nada agradável ser Delegado quando acima de nós existe a mão de uma das maiores fortunas brasileiras, composta de siderúrgicas, fábrica de automóveis, fazendas de café e de gado, prédios de apartamentos, frota de petroleiros etc., etc.
— Mas o que tem toda essa fortuna a ver com o pobre Duda?
— Você nem imagina.
— Só se o senhor me contar.
— Faço uma troca.
— Qual?
— Eu te conto e você cala sobre o que viu hoje.
— Aceito.
É pouco o que tenho a falar. O Duda esteve espalhando aos quatro ventos que a filha da condessa Ângela está esperando um filho dele.
Senti minha garganta seca e não pude falar nada.
— *Você sabe quem é a condessa Angela, não sabe? Balancei a cabeça em sinal afirmativo.*

— *Pois é. O negro chegou a tanto. Depois que foi banido do emprego e entrou para uma fábrica que não pertence ao pai de Ângela, saiu com essa. Ele mesmo se pôs a corda no pescoço. Nós só temos que apertá-la.*
— *Vão matá-lo?*
— *Já deve estar morto.*

Há, nesse diálogo, algumas considerações a se fazer. A primeira e mais importante, nos parece, procura apontar algumas condições onde se mesclam ficção e realidade. Aproveitando o momento político vivido pelos metalúrgicos do ABC, a Autora, embora preocupada com sutilezas, chama de Duda o seu principal personagem. Está implícito, nesse momento, a figura de Luís Inácio da Silva (Lula). Era de se esperar, portanto, que a tortura imposta a Duda, dadas as circunstâncias políticas por ele vividas, tivessem um cunho político. No entanto, isso não ocorre. Pelo menos está muito claro na citação acima.

É preciso observar ainda um segundo aspecto. A Autora trabalha a identidade sonora Duda/Lula, ao mesmo tempo que cria uma semelhança ortográfica de ambos os nomes. A partir disso, e da função de Duda (líder dos metalúrgicos do ABC) não haverá mais dúvida por parte do leitor: ele inevitavelmente associará o personagem Duda à figura de Lula. Os efeitos dessa associação podem resultar, entre outras coisas, numa imagem irreal, evidentemente, e sobretudo comprometedora para Lula. Isto porque pode descaracterizá-lo junto ao leitor quanto a sua real função de líder que ocupa um cargo político-administrativo. Em outras palavras, estamos diante da deformação de uma figura que, seguramente, teve seus efeitos negativos.

Nossa opnião a esse respeito advém justamente daquilo que citamos anteriormente, ou seja, da força, do carisma e da liderança que exerce Adelaide Carraro sobre seu leitor. O peso das suas palavras é respeitável junto ao seu público. Basta ver, por exemplo, quando citamos algumas cartas a ela dirigidas, que constam do livro *Adelaide: escritora maldita?*.

Esta tendência descaracterizante, aliás, recebeu outros incrementos que devem ser mencionados. Transparece ao leitor um certo caráter de clandestinidade às atividades de Duda, portanto, de Lula, que ele na verdade nunca teve. Seu trabalho como Presidente do Sindicato, portanto, como líder metalúrgico, sempre foi reconhecido e institucionalizado pelo Estado até o momento da intervenção e da sua conseqüente exoneração em 1980. Ao mesmo tempo, o traço de clandestinidade atribuído a Lula está estreitamente ligado àquele vinculado a outros líderes da década de 60, tais como Carlos Lamarca, Carlos Marighela, José Dirceu, entre outros. Não se pode exigir do leitor de Adelaide, aliás de ninguém (a não ser dos profissionais que trabalham com Ciência Política, Sociologia, enfim, com as Ciências Humanas), que se saiba exatamente quais as causas defendidas por esses líderes. O fato é que o Estado, através dos meios de comunicação, criou para eles a imagem de bandidos comuns, assaltantes de bancos, entre outras coisas, justamente no momento em que sua luta se destinava a reivindicar justiça e igualdade sociais. Se a estratégia empreendida por eles foi equivocada, ou não, é uma outra questão que não nos cabe avaliar neste trabalho. De concreto mesmo, no entanto, ficou evidente a maledicência do Estado ao classificá-los como bandidos e assaltantes, aproveitando para isso todo o aparato da informação a seu dispor. Além disso, claro, usando sempre a palavra oficial e, portanto, sempre muito respeitada pelo cidadão comum, configurando dessa forma, o abusivo uso do poder, característica marcante dos regimes autoritários. Nota-se, ainda, que essa situação prosseguiu por quase toda a década de setenta. Aquelas pessoas consideradas inimigas do Estado eram incriminadas por aquilo que não faziam. Basta lembrar o caso Wladimir Herzog. Consideramos importante registrar esse episódio da História Política do Brasil para passarmos as nossas discussões sobre *A vingança do metalúrgico*.

Retomemos o problema pensando agora na atitude do leitor. O que ele poderia inferir a respeito de Lula enquanto líder político, a partir das informações absorvidas em Adelaide Carraro? Levando em conta que as questões políticas do nosso País (e do Exterior, também) não despertam nesse leitor um nível de interesse suficiente para mantê-lo informado dos problemas nacionais, teremos, então, a partir daí, a formação de determinados estigmas acerca de líderes políticos, entre eles, Lula. Por desinformação e exagero de crença nas palavras da Autora, ele certamente poderá criar uma falsa imagem de Lula justamente a partir das caracterizações deformadas do personagem Duda. E, mais: poderá até mesmo transportar ao metalúrgico, de forma genérica, estereótipos da imagem que criou de Lula, via Duda. Esta possibilidade, aliás, é tão viável quanto perigosa. E poderá, a médio prazo, trazer pesados ônus (como já os trouxe realmente. Basta ver o anexo de nossas entrevistas) ao desenvolvimento político e sindical das classes trabalhadoras. Isto porque nós sabemos que, no plano político, a condição de clandestinidade identifica todo e qualquer membro, líder ou não, com o Partido Comunista no Brasil. Foi assim também que se criou em nosso País o mito de que o comunismo é nocivo às pessoas e ao Estado. Pelos motivos aqui citados é que essa confusão, essa deformação feita pela Autora poderá levar o leitor a tirar conclusões incompatíveis com a realidade. Essa possibilidade torna-se ainda maior (e portanto mais perigosa), quando presenciamos a eficiente campanha empreendida pelo Estado (inclusive com prisão) para criar e associar a imagem de Lula à de um líder a serviço do comunismo internacional. Sua atuação era vista como algo perigoso e prejudicial à sociedade. Assim, só poderia ser feita na clandestinidade. É claro que, em tudo isso, está implícita e reforçada a idéia oficial de que a greve é sinônimo de desordem organizada pela infiltração comunista no Brasil. É bem verdade que, especificamente nesse caso, é bastante difícil se saber até onde e se o povo brasileiro a assimilaria da forma como divulga o Estado.

De qualquer forma, Adelaide cria uma situação extremamente desconfortável para Duda, o líder metalúrgico do ABC. Apesar de reivindicar em nome das necessidades da sua categoria, de ter sido preso, torturado e perseguido pelo Estado, sua morte por tortura se deve a um ato de vingança pessoal e de extrema desonestidade profissional ao efetuar a troca de espermas. Essa atitude, claro, apresenta-se repugnante a qualquer leitor. Isto, de certa forma, pode, entre outras coisas, comprometer seriamente o seu trabalho político em defesa dos metalúrgicos. Até porque a partir desse instante, seu caráter fica exposto a toda sorte de interpretações que podem vir desde uma possível falsa militância política até mesmo a sua má índole no tratamento com as pessoas.

Estas considerações visam ainda sugerir que a questão não se esgota nisso. Note-se, também, que prossegue por todo o livro uma situação que, se não impossível de ocorrer, pelo menos por outro lado, não seria tão tranqüila como a Autora nos apresenta. Impressiona-nos a facilidade com que ela consegue, a todo momento, ter acesso e interferir numa instituição do Estado cuja função precípua é a tortura, a repressão. Dificilmente (pelo menos não concebemos essa idéia) uma Delegacia de Polícia, onde se torturam pessoas, ficaria tão vulnerável à visitação pública, a ponto de alguém ouvir e posteriormente presenciar uma tortura como a descrita por Adelaide. E, nessas circunstâncias, o problema torna-se ainda mais difícil. Sua condição de repórter entrevistadora do Delegado seria um óbice a mais para evitar seu acesso aos locais de torturas. Sem dúvida, sendo isto possível, seria uma situação peculiar no tocante às relações entre a imprensa informante do grande público e o Estado. Este último, na condição de mantenedor de organizações especializadas em torturar pessoas.

Mas, ainda. aqui, devemos observar um outro aspecto. Note-se, também, a facilidade e a calma com que a Autora consegue intervir e interferir no sistema repressor do Estado. Ela chega mesmo a flagrar o comportamento do Delegado ordenando torturas, deixando-o numa situação vexatória, cuja saída mais "honrosa" naquele momento só poderia ser a de propor uma barganha, como vimos anteriormente. Não estranha, pois, que, a partir daqui, o romance começa rapidamente a perder sua força (mesmo assim questionável) como instrumento de denúncia política e a se tornar uma espécie de objeto de sua autopromoção. Já no meio do primeiro capítulo, fica evidente que a questão maior não é mais de ordem política. Esta passa a um segundo plano, ao ser substituída pela popularidade da escritora Adelaide Carraro.

Sua discussão com soldados e o posterior diálogo com um tenente ou capitão (ela não especifica) confirmam nossas palavras:

— *Vá, vá desgrudando. Chega de conversa fiada.*
— *Escuta aqui, amigo. Chame o fenente, o capitão, alguém tem que me conhecer, senão como é que fica?*
— *Qual é o babado? Outro militar me olhava por cima dos óculos.*
— *Ela quer entrar na praça.*
— *Quero só pegar o meu carro.*
Ela diz que é repórter, mas não prova. Olha o que ela deu para se identificar.
O militar pegou a minha carteirinha e a revirou entre os dedos e sorriu.
— *Então você não a conhece? Muito prazer em conhecê-la pessoalmente, Adelaide. Só sinto conhecê-la numa situação dessas. Por favor, venha por aqui.*
Ele me acompanhou até o carro.

Vale acrescentar que o diálogo acima retrata apenas um dos diversos momentos em que a Autora enfatiza sua popularidade, a narrativa sistematicamente desvia-se nessa direção.

Por outro lado, quando se prepara para narrar questões de natureza política, Adelaide não só concorda com o líder Duda, como também admira o seu comportamento à frente do Sindicato. No entanto, o modo como se desenvolve a narrativa, conduz o leitor a justificar e a ter sempre uma atuação pacífica, dentro da ordem estabelecida. Algo assim como, no plano político, pelo menos, toda ação necessita de um respaldo legal; as reivindicações devem ser feitas dentro da ordem, portanto, em consonância com aquilo que espera o Estado. Na verdade, esta seqüência de considerações estaria levando o leitor a uma situação semelhante a outras encontradas em seus trabalhos anteriores[24], ou seja: toda reivindicação,

---

24. Livros como A *verdadeira estória de um assassino, Eu mataria o Presidente, Submundo da sociedade*, só para citar alguns, já contêm essa concepção,

qualquer que seja sua origem, deve sempre ser feita dentro dos parâmetros estabelecidos pelo Estado; caso contrário, o castigo pode ser a morte.

Isto posto, como já dissemos, a Autora concorda com o comportamento de Duda e até o admira. Ocorre, no entanto, que o modo como a narrativa é mantida não dá maiores opções ao leitor. Sobra, após a leitura, uma atuação pacífica e sempre consonante com a normas determinadas pelo Estado.

Quando, porém, não se trata de criar o impacto da emoção, nem de fazer "denúncias", Adelaide passa a localizar o fato no tempo da seguinte forma: "Tudo começou em 1962, quando os metalúrgicos de uma cidade de São Paulo, entraram em greve...". Ora, tanto quanto se pode perceber, a intenção da Autora e indicar o fato como se ele estivesse repetindo-se em 1980, uma vez que a publicação do seu livro coincide com o ano da greve dos metalúrgicos do ABC. Mais adiante, no entanto, essa questão torna-se clara justamente na continuação da narrativa: "Já se vão dezoito anos, mas me parece que tudo está acontecendo nesse instante". Isto nos leva a inferir alguns possíveis objetivos da Autora:

a) O primeiro dá conta de mostrar que a história se repete, hoje (1980), com outro líder: Luís Inácio da Silva (Lula). A idéia de caracterizá-lo é flagrante; apesar de a Autora misturar os momentos históricos. Difícil saber; se ela faz intencionalmente ou apenas por falta de informação desse período. A primeira hipótese parece mais viável;

b) Eduardo Silva (Duda), tanto quanto Luís Inácio da Silva (Lula), são líderes metalúrgicos.

À medida, porém, que se desenvolve a narrativa, nota-se também uma tendência (comprovada nos capítulos posteriores) de o romance abandonar a temática essencialmente política, no início, por outra, que mais explica um comportamento de vingança por parte de Duda. A passagem a esta "nova temática" desgasta substancialmente o romance tirando-lhe as características iniciais (a própria força da narrativa declina), que, sem dúvida, poderiam ser muito melhor aproveitadas pela Autora. Vale a pena retomarmos rapidamente a questão: a narrativa inicia caracterizando o personagem Duda como líder dos metalúrgicos. E o primeiro capítulo finaliza dando-nos essa idéia. A partir do segundo capítulo, no entanto, toda a narrativa desenvolve e conclui a estória, transformando o personagem, até então líder metalúrgico, numa pessoa vingadora e sem nenhum escrúpulo profissional. Nota-se, a partir daí, que o traço sociopolítico, até então permeando a narrativa, é definitivamente abandonado.

Por tudo isso, cabem aqui algumas indagações que necessitam respostas. O que tem o primeiro capítulo em comum com o resto da história? Rigorosamente, nada. São coisas bem diferentes. Aliás, não fossem algumas informações biográficas do personagem Duda e este capítulo poderia perfeitamente ser suprimido do livro, sem nenhum prejuízo da narrativa e da própria intelecção do romance. Se, por um lado, este primeiro capítulo procura dar conta das implicações políticas de Duda como líder metalúrgico, por outro, os capítulos subseqüentes mostram sua má índole procurando vingar-se de algo que lhe aconteceu quando criança. Trata-se de um juramento de amor *feito entre duas crianças (ela patroa, ele empregado)* e não cumprido mais tarde.

Como se vê, o nome menos adequado para o livro é *A vingança do metalúrgico*. Mesmo porque, quando Duda consegue efetivamente se vingar trocando os espermas, já não era mais metalúrgico, e sim técnico em laboratório. No entanto, precisamente por causa deste ato (a troca de espermas), Duda foi preso e torturado até a morte. Assim, torna-se inclusive questionável a sua vingança. Essa ação e o final da história reafirmam uma crença, determinada ideologicamente, de que "o feitiço virou contra o feiticeiro". Em outras palavras, a vingança pretendida por Duda custou-lhe a própria vida. Entretanto, ao se analisar o título tendo em mente o momento político vivido na época da sua publicação, as coisas começam a ter sentido. Senão, vejamos: a palavra metalúrgico, adjetivo transformado em substantivo, nome da categoria profissional, é, sem dúvida, um grande lance da Autora. Dessa forma ela deixa a impressão da sua atualidade, como se a história, por causa disso, tivesse modernidade. Ao mesmo tempo, a palavra metalúrgico, em evidência na época, passa a ser um recurso de *marketing* para ajudar na venda do livro.

De qualquer modo, nota-se que o objetivo da Autora está essencialmente voltado para o caso passional de Duda. A sua política sindical assume importância secundária. Aliás, a própria Autora deixa transparecer seu desejo de tratar de uma história de amor. Vejamos em suas próprias palavras:

> *— Duda, meu amigo, quero que pelo menos você o compreenda, Adelaide, reage a essas situações pelo único jeito que conhece, que sabe que pode, a de paralisar tudo. Com isso, penso eu, ele quer demonstrar à família Martiniano de Castro que é um homem de valor, e que bem poderia entrar para essa família.*
> *— Por quê? Ele pretende ser adotado?*
> *— Não, não. Isso fica entre nós. Ele desolava bem... é uma coisa deveras impossível, mas ... bem penso que queria se casar com a herdeira, a senhora Ângela.*
> *Senti o coração aos pulos, pois a coisa estava melhorando. Talvez saísse uma estória interessante para você, leitor.*
> *— Como, casar com a herdeira?*
> *— Bem, é uma longa história. Só sei que ele, o Duda, vive em um estado de tremenda frustração, por ter sido internado em asilo de governo. Tinha vivido até a adolescência num mundo de sonhos. O despertar foi tremendamente doloroso. Sei que ele sempre desejou que a família Martiniano de Castro se quebrasse, se desfizesse. Foi esse o desejo do menino Eduardo da Silva, assim que sentiu a grande diferença que existia do Silva aos Martiniano de Castro. Foi para destruí-los, assim dizia o menino Duda, que se fez metalúrgico e que preparou esse grande e amplo movimento.*

Note-se, ainda, que a parte inicial deste trecho é um depoimento do suplente de Duda no Sindicato. A Autora, através dessa personagem, subestima a organização dada por Duda ao movimento grevista. A expressão "pobre amigo" representa muito mais o caráter subjetivo da amizade do que propriamente o trabalho de homens que estão juntos na mesma práxis política. Além disso, a personagem afirma claramente que Duda usa da paralisação do trabalho dos metalúrgicos para fazer acerto de contas pessoal com a família Martiniano de Castro.

Mas, ainda aqui, deve-se observar um traço importante na narrativa. O suplente de Duda, mesmo conhecendo suas contradições e o envolvimento de suas questões pessoais (o amor por Ângela, filha do patrão), não desacredita em sua liderança. Ao contrário, ele a respeita o suficiente para aceitá-la sem problemas. No entanto, se repensarmos sobre o caso, vamos encontrar uma situação bastante peculiar no tocante às relações entre líder e seus liderados. Isto porque seria muito difícil aceitar-se e acreditar na liderança política de uma pessoa cuja convicção ideológica (nesse instante questionada) se mistura agora com um caso de amor que exige vingança. Isso demonstra, entre outras coisas, a confusão ideológica do líder. A prova disso está justamente no fato de ele usar a força do Sindicato como instrumento de vingança. Duda transforma toda a população operária do ABC em massa de manobra, em inocentes úteis a serviço dos seus caprichos de homem que se sente desamado.

Até este momento, Adelaide acreditava estar tratando de um problema político. No entanto, com as frases "Senti o coração aos pulos, pois a coisa estava melhorando. Talvez saísse uma história interessante para você, leitor", seu interesse se converge definitivamente para a dinâmica amorosa. Sabe-se que o seu sucesso gira em torno do binômio sexo/política. No entanto, de político, claro, quase nada existe. Nem mesmo como forma de denúncia que, segundo a Autora, seria sua principal meta.

De sexual, há a venda do produto (em forma de perversão) que garante há muito tempo o sucesso de Adelaide como escritora. Assim, a "escolha" quase obsessiva pelo tema "sexo" se impõe precisamente em função do interesse comercial, sem dúvida, o filão mais rentável da indústria do livro no Brasil. Adelaide, então (ela não é uma exceção)[25], já tem fórmulas próprias para trabalhar seu tema preferido e transformá-lo em sucesso de venda.

---

25. Escritores como Harold Robbins, Brigitte Bijou, Francis Miller, Márcia Fagundes Varela, João F. de Lima, entre outros, também possuem seus esquemas próprios de trabalhar a sexualidade.

A narrativa, como vimos em *Eu e o Governador* e nas discussões anteriores, não apresenta nenhuma novidade. Permanecem inalterados, não apenas os recursos estilísticos utilizados, mas a tradicional fórmula de trabalhar o "sexo pelo sexo". Este último aspecto, no entanto, tem implicações mais sérias: a sexualidade é transformada num produto (nesse caso, em forma de livro) de venda pelo capital. Temos, assim, a produção industrial do sexo, onde sua função maior redunda no valor de troca. Estandardiza-se o sexo e, com isso, reduz-se a sexualidade à forma de bem capitalista. É verdade que essa questão não ocorre apenas na indústria do livro, mas é parte integrante da própria lógica do capitalismo.

O psicanalista Michale Schneider, ao analisar o "consumo sexual" no capitalismo, dá-nos uma visão muito lúcida do problema: "A 'grande venda sexual' na forma de 'pornô, pop e sexo grupal', celebrada pela máquina de vendas como uma 'revolução sexual' não prova a libertinagem sexual de uma cultura progressiva; prova somente que o capital das lojas de departamentos conseguem maior lucro com a nudez, hoje, do que com a discrição burguesa. A pornograficação de toda esfera do consumo, como a promíscua conversibilidade dos objetos sexuais, significa, porém, a total abstração do valor de uso da sexualidade.

As observações de Michael Schneider nos levam a outra, agora de natureza econômica: os editores, interessados fundamentalmente no lucro, obrigam, quase sempre, os escritores a produzirem romances, contos, enfim, obras 'pornô', sem nenhuma qualidade literária, sem nenhum valor estético, sem nada, efetivamente, que tenha uma significação objetiva capaz de justificar a obra a não ser o lucro.

Hoje, vemos que é "necessário" ao escritor de romances paraliterários trabalhar em seus livros a vulgarização da sexualidade. Mormente quando trata-se de um escritor em início de carreira, incapaz (por desconfiança do editor) de impor a eventual qualidade que seu trabalho possa ter. Na verdade, não temos conhecimentos de nenhum deles que tenha rompido a barreira de imposições do leitor. A tendência normalmente é aceitá-las. Isto significa poder continuar escrevendo, publicando e recebendo os lucros desse trabalho. Quando muito, alguns escritores preferem usar pseudônimos, como já citamos em outra ocasião.

Assim, a relação entre editor e escritor, além da função de compra e venda da força de trabalho, tem ainda uma relação de poder que a qualquer momento pode ser usada pelo editor.

No entanto, não podemos esquecer que, de qualquer maneira, o livro, entre outras coisas, é uma mercadoria. E, como tal, a editora que o produz compõe um setor da produção capitalista. Para sobreviver e produzir mais mercadorias, ela precisa tornar seu produto rentável, capaz de gerar lucros. Em qualquer situação, o editor jamais pode subestimar sua rentabilidade, sob pena de "fechar as portas" mais tarde[26].

Mas não é esta a questão que mais nos chama a atenção. Ao contrário, ela; de absoluta coerência com a lógica do capitalismo. E, nessas condições, torna-se imprescindível até mesmo para o funcionamento do próprio sistema.

Agora, preocupa-nos, isto sim, no caso da paraliteratura, a forma como o capital põe a sexualidade a seu serviço, transformando-a em valor de troca, apenas. O seu valor de uso, como bem assinala W. F. Haug, "... reside na gratificação da curiosidade. Com aparente gratificação através da mera aparência sexual é característico que a demanda pela aparência se reproduza simultaneamente na gratificação e fixação compulsivas (...). Aqui, a única forma de valor de uso adequada à utilização maciça tem efeito retroativo sobre a estrutura das necessidades dos seres humanos, isto é, a fixação voyeuristica[27].

---

26. Alguns autores, entre eles Lucien Goldmann e Jean Baudrillard, já trataram dessa questão. Citemos Goldmann: "Chega-se assim a toda uma gama de produtores e leitores, desde os que se limitam às coisas ao mesmo tempo válidas e mais ou menos rentáveis, através de alguns maiores que dividem sua atividade em dois setores, um dos quais, altamente rentável, permite sustentar a qualidade do segundo, até aos editores e sobretudo produtores indiferentes a qualidade e que só se interessam pelo lucro". (*Dialética e Cultura*, p. 135).

27. Haug, W. F. "Sobre a crítica da estética de consumo In: Schneider, Michael, Neurose e *classes sociais*, p. 277.

Dentro da mesma perspectiva pode-se ainda assinalar: as conseqüências da reificação da sexualidade, entre outras coisas, é que ela, como diz Michael Schneider, " é radicalmente levada à forma de bem capitalista, cuja expressão adequada é o seu valor publicitário e o infinito aumento do consumo[28]. Essa questão, aliás, já a desenvolvemos no capítulo "A sexualidade na produção paraliterária". Só a retomamos de passagem, porque neste momento consideramos necessário.

Finalmente, é preciso verificar as conseqüências dessa reificação. De imediato, não há dúvida de que o leitor é uma das personagens mais envolvidas e prejudicadas nessa questão. Após a leitura de um romance e paraliteratura "pornô" ela passará, seguramente, a ver a sexualidade sob outro prisma. Todos os estereótipos criados pelos autores, sobre a sexualidade, estarão a partir de agora, presentes em sua mente. Isto não significa, obrigatoriamente, que os conceitos anteriores adquiridos sejam deixados de lado. Ao contrário, são concepções absorvidas da leitura, somam-se àquelas já existentes. Aliás, a absorção desses "novos" conceitos não é produto apenas da desinformação do leitor sobre a sexualidade. É decorrente, entre outras coisas, do prestígio dos escritores junto ao seu público. Este é um aspecto que não podemos em momento algum subestimar. Há uma real tendência no leitor de romances paraliterários de outorgar ao escritor um *status* de grande sabedoria e experiência de vida. Não sem motivos, claro. Os próprios escritores, intencionalmente ou não, terminam passando essa imagem aos seus leitores. E, com certeza, o melhor exemplo disso é, sem dúvida, a própria Adelaide Carraro. Seu carisma, seus romances de auto-exaltação, como já vimos, levaram o leitor a criar uma espécie de mística em torno da sua figura.

Assim, a concepção de sexualidade encontrada em seus romances, certamente terá influência em seus leitores. E é precisamente nesse momento que o problema se agrava: vamos encontrar, em seu

---

28. Schneider, Michael. op. cit., p. 293.

discurso, a consagração das formas mais conservadoras de se encarar a sexualidade. Às vezes, vista como um objeto "intocável" (a relação sexual), como algo que não deve ser buscado sem antes burocratizá-lo através do casamento. Outras vezes como instrumento a ser usado (uma espécie de trunfo) para conseguir vantagens. Nesse caso, um tipo de estratégia usada pela própria Adelaide, segundo ela mesma, em *Eu e o Governador*.

Da mesma forma, o segundo caso identifica também o comportamento de Duda, embora não tenha havido a relação sexual e sim a masturbação. Foi essa a forma usada por ele para trocar seu esperma pelo de Stephen Marks, marido de Ângela. Com isso, Duda estava realizando dois objetivos: o primeiro, transformar seu filho naquilo que ele não pôde ser: um participante das empresas Martiniano de Castro. O segundo, vingar-se de Ângela, por ter rompido um pacto de amor feito na pré-adolescência.

Seja como for, o fato é que o orgasmo, nesse momento, adquire outra função que não a do prazer sexual. Duda o transforma em instrumento de interesse econômico e de vingança. Com isso, ele perde ainda (o raciocínio e de Reich)[29] seu caráter libertário e se reveste da postura repressiva, bem própria das formas autoritárias de conceber a sexualidade.

---

29. São diversas as obras em que Wilhelm Reich analisa a importância política do orgasmo. Não só como forma de se buscar a plenitude do prazer o Nirvana), mas também como eficiente instrumento usado pelos regimes autoritarios para anular as potencialidades do homem. Nesse ultimo caso, suas análises são dirigidas ao nazismo. Para isso, leia-se: A *função do orgasmo*; *Irrupção da moral sexual repressiva*; *La lucha sexual de los jovenes*.

Conclusões

Deste trabalho, procuramos retirar o essencial para darmos uma noção geral das conclusões a que chegamos. Não se trata de resumi-la, mas tão-somente de mostrar a trajetória percorrida por nós durante as análises. Assim, podemos fazer as seguintes observações:

1. A paraliteratura, produto da indústria cultural, dirigido ao homem de cultura média, possui hoje, no mercado editorial, um público suficientemente grande e permanente, que garante o seu sucesso. A cada dia novos escritores de romances paraliterários surgem nas livrarias, demonstrando, de certo modo, o prestígio junto ao público.

2. Como era de se esperar, salvo raras exceções (caso de *A Borboleta Branca*, por exemplo), a estrutura do romance paraliterário apresenta uma forma simples e linear, bem ao estilo do romance de ação analisado por Woligang Kayser. A narrativa apresenta início, meio e fim bem delineados, onde todos os eventos do romance, necessariamente, obedecem a essa cronologia.

3. A obra de Adelaide Carraro traz consigo algumas distorções muito sérias que, em alguns casos, interferem até mesmo "na visão de mundo" de seu leitor. O conteúdo das diversas cartas remetidas por seus leitores à autora nos permitem afirmar isso.

4. No tocante às questões política, seu trabalho apresenta-se muito confuso. Não há, a rigor, uma definição da autora. Suas posições se alternam entre a defesa e o ataque aos políticos.

No plano ideológico, no entanto, é muito clara a sua opção. Através da leitura dos seus livros, vamos constatando seu conservadorismo.

Desde as coisas mais banais às mais importantes. Basta ver, por exemplo, sua concepção sobre a posição inatingível em que todas as autoridades assumem em seus livros.

5. Finalmente, quanto à sexualidade. Aqui, seguramente, reside o maior equívoco da autora. Dizendo-se uma escritora de *temas políticos e sociais e usando a sexualidade apenas como pretexto para denunciar a corrupção dos políticos Adelai*de inverte toda a situação. A sexualidade assume o primeiro plano em sua obra e a corrupção política, os problemas sociais aparecem apenas como uma questão secundária, portanto, de menor importância.

Referências Bibliográficas

ADORNO, Theodor. *Prismas,* Ediciones Ariel, Barcelona, 1962.

ADORNO, Theodor. *Notas de Literatura,* Edições Tempo Brasileiro, Rio de Janeiro, 1975.

ADORNO, Theodor. *Cultura e Sociedade,* Editorial Presença, Lisboa, 1970.

AMORÓS, Andrés. *Sociologia de una Novela Rosa,* Taurus Ediciones S.A., Madrid, 1968.

BALIBAR, Étienne e MACHEREY, Pierre. *Literatura, Significação e Ideologia.* Editora Arcádia, Lisboa, 1976.

BASTIDE, Roger. *Arte e Sociedade.* Cia. Editora Nacional, São Paulo, 1978.

BATAILLE, Georges e outros. *O Que é Erotismo?* Editorial Presença, Lisboa, 1973.

BAUDRILLARD, Jean. *O Sistema dos Objetos.* Editora Perspectiva, São Paulo, 1973.

BAUDRILLARD, Jean. "A Moral dos Objetos. Função-Signo e Lógica de Classe". In: *Semiologia dos Objetos,* Editora Vozes, Petrópolis, 1974.

CÂNDIDO, Antonio. *Tese e Antítese.* Cia. Editora Nacional, São Paulo, 1978.

CÂNDIDO, Antonio. *Literatura e Sociedade.* Cia. Editora Nacional, São Paulo, 1967.

CARUSO, Igor. *Psicanálise e Dialética,* Edições Bloch, Rio de Janeiro, 1967.

CAMUELTI, John G. *Adventure, Mystery, and Pomance,* 1976 by The University of Chicago.

CHAUI, Marilena. *Cultura e Democracia,* Editora Moderna, São Paulo, 1981.

COHN, Gabriel. *Sociologia da Comunicação: Teoria e Ideologia,* Livraria Pioneira Editora, São Paulo, 1973.

COHN, Gabriel (org.). *Comunicação e Indústria Cultural.* Cia. Editora Nacional, São Paulo, 1978.

COOPER, David. *A Decadência da Família,* Portugália Editora, Lisboa, 1971.

DION, Michel. *Sociologia e Ideologia.* Editorial Fontenella S.A., Barcelona, 1974.

Diversos Autores. *Da Ideologia,* Zahar Editores, Rio de Janeiro, 1980.

Diversos Autores. Teoria *Literária,* Edições Tempo Brasileiro Ltda., Rio de Janeiro, 1979.

EAGLETON,Terry. *Marxismo e Crítica Literária,* Edições Afrontamento, 1976, Porto.

ECO, Umberto. *Il Superuomo di Massa,* Casa Editrice Valentino Bompiani & C.S.p. A., 1978, Milano.

ENZENSBERGER, Hans Magnus. *Elementos para una Teoria de los Medios de Cocmunicación,* Editorial Anagrama, Barcelona,1971.

FISCHER, Ernst. *A Necessidade da Arte,* Zahar Editores, Rio de Janeiro, 1979.

FOUCAULT, Michel. *História da Sexualidade 1.* A *Vontade de Saber.* Graal Editores, Rio de Janeiro, 1977.

FOUCAULT, Michel. *Microfísica do Poder, Edições* Graal Ltda., 1979, Rio de Janeiro.

FREUD, Sigmund. *Três Ensaios sobre a* Teoria da *Sexualidade.* Editora Imago, Rio de Janeiro, 1973.

FREUD, Sigmund. *Psicologia de las Masas.* Alianza Editorial, Madrid, 1972.

GALBRAITH, John Kanneth. *O Novo Estado Industrial,* Editora Civilização Brasileira, Rio, 1969.

GOLDMANN, Lucien. *A Sociologia do Romance,* Editora Paz e Terra, Rio de Janeiro, 1976.

GOLDMANN, Lucien. *A Dialética e Cultura.* Editora Paz e Terra, Rio, 1967.

GRAMSCI, Antônio. *Literatura e Vida Nacional,* Editora Civilização Brasileira, Rio de Janeiro, 1968.

GUHA, Anton Andreas. *Moral Sexual y Represión Social.* Granica Editor, 1972, Buenos Aires.

HOCOUENGHEM, Guy. *A Contestação Homossexual.* Livraria Brasiliense Editora, 1980.

HORKHEIMER, Max e ADORNO, Theodor. *Temas Básicos da Sociologia,* Editora Cultrix, São Paulo, 1973.

JIMENEZ, Marc. *Adorno:* art. *ideologie et theorie de l*'art, Union Generale D'éditions, Paris, 1973.

KAYSER, Wolfgang. *Análise e Interpretação da Obra Literária.* Livraria Martins Fontes Ltda., 1976, Porto.

KONIG, Rene. *Sociologia* de *la Modal* Ediciones Carlos Lohle, Buenos Aires,

KORNHAUSER, William. *Aspectos Políticos de la Sociedad de Masas,* Amorrortu Editores, Buenos Aires, 1974.

KRIS. Ernst. *Psicanalisis Y* Arte, Editorial Paidos, Buenos Aires, 1971.

LAING, Ronald D. *A Política da Família.* Livraria Martins Fontes Editora Ltda., 1978.

LECHNER, Norbert e outros. *Sexualidad! Autoritarismo y Lucha de Classes.* Distribuidora Baires S.R.L., 1974, Buenos Aires.

LINTON. Ralph. *The Study of Man,* Appleton-Century – Crofts, New York, 1964

LUKACS, Georg. *Teoria do Romance,* Editorial Presença, Lisboa, 2ª edição, 1978.

LYRA, Pedro. *Literatura e Ideologia.* Editora Vozes, Petrópolis, 1979.

MANNHEIM, Karl. *Sociologia da Cultura,* Editora Perspectiva, São Paulo, 1974.

MARCUSE, Herbert. *Eros e Civilização,* Zahar Editores, Rio de Janeiro, 1978.

MARCUSE. Herbert. *Ensayos* sobre *Política y* Cultural Ediciones Ariel. Barcelona. 1970.

MARX, Karl e ENGELS, Friedrich. *A Ideologia Alemã,* Editorial Presença, Lisboa, 1977

MARX, Karl e ENGELS, Eriedrich. *Sobre Literatura e Arte.* Editorial Estampa, Lisboa, 1974.

MICHEL, Marianne Roland. *A Arte e a Sexualidade.* Editorial Estúdios Cor. S.A.R.L., Lisboa. 1973.

MURARO, Rose Marie. *Libertação Sexual da Mulher.* Editora Vozes, Petrópolis, 1972.

NIETZSCHE, Friedrich. *El Ocaso de los Idolos.* M. Aguilar Editor, Buenos A i res, 1944.

NIETZSCHE. Friedrich. "O Anti-Cristo In: *Os Pensadores,* Editora Abril, São Paulo, 1980

ORTEGA Y GASSET, J. *La Rebelión de las Masas.* Revista de Occidente, Madrid, 1959

OSBORN, Reuben. *Psicanálise* e *Marxismo.* Zahar Editores, Rio de Janeiro, 1966

PALMIER, Jean Michel. *Lénine: a Arte e a Revolução*. Moraes Editores, 1976, vol. I e 11, Lisboa.

PORTELA, Eduardo. *Teoria da Comunicação Literária*. Edições Tempo Brasileiro Ltda., Rio de Janeiro, 1976.

POUILLON, Jean. *O Tempo no Romance*. Editora Cultrix, São Paulo, 1974.

PREVOST, Claude. *Literatura, Política e Ideologia*. Moraes Editores, 1976. Lisboa.

REICH, Wilhelm. *La Lucha Sexual de los Jovenes*. Granica Editor, Buenos Aires. 1972.

REICH, Wilhelm. *Irrupção da Moral Sexual Repressiva*. Livraria Editora Martins Fontes Ltda., Porto, 1976.

REIK, Theodor. *Masochism in Modern Man*. Farrar. Straus & Co., New York 1961

ROBINSON, Paul A. *A Esquerda Freudiana*. Editora Civilização Brasileira, Rio de Janeiro, 1971.

SATRIANI, L. M. Lombardi. *Apropriación y Destruicción de la Culfura de las Clases Subalternas*. Editorial Nueva Imagens, México, 1978.

SCHNEIDER, Michael. *Neurose e Classes Sociais*, Zahar Editores, Rio de Janeiro, 1977.

SCHOFIELD, Michael. *Aspects of Hohosexuality*, Longmans, Green & Co. Ltda., Londres, 1967.

SILVA, Vitor Manuel de Aguiar e. *Teoria da Literatura*. Livraria Almedina, 1979, Coimbra.

SLATER, Phil. *Origem e Significado da Escola de Frankfurt*. Zahar Editores, Rio, 1978.

SODRE, Muniz. *Teoria da Literatura de Massa*, Editora Tempo Brasileiro, Rio, 1978.

STORR, Anthony. *Sexual Deviation*. Penguin Books Ltda., Middlessex. Inglaterra, 1964.

SWINGEWOOD, Alan. *O Mito da Cultura de Massa,* Editora Interciência, Rio. 1978.

THOMAS, Louis-Vincent. *Civilisation* et *Divagations,* Petit Bibliotheque Payot, 1979, Paris.

TOCOUEVILLE, Alexis de. *Democracia na América.* Cia. Editora Nacional, São Paulo, 1970.

TRILLING, Lionel. Literatura e *Sociedade.* Editora Lidador Ltda., 1953, Rio de Janeiro.

VERÓN, Eliseo. *El Proceso Ideológico.* Editorial Tiempo Contemporâneo, 1971, Buenos Aires.

WEBER, Alfred. *Historia Sociológica da Cultural* Editora Arcádia, Lisboa, 1968.

YOUNG, Wayland. *Eros Denied,* Transworld Publishers Ltd., London, 1968.

Material de Pesquisa

1. Entrevistas:

ADELAIDE CARRARO – escritora
ROBERTO GOLDKORN – editor da Editora Gama
WALDIR BERTOLETTI – gerente de vendas da Editora Record
NELSON SILVA – Vendedor da Editora Record
WALTER ALVES DIAS – Vendedor da Livraria Hemus
MARIO DANTAS – gerente de vendas da Editora L. Oren Ltda.
MICHEL OREN – Editor da Editora L. Oren Realizamos ainda 421 entrevistas com leitores da paraliteratura nas livrarias do centro da cidade: Av. São João, Estação da Luz, Estação Rodoviária.

2. Programa de Televisão

Analisamos o programa "BASTIDORES" da TV Bandeirantes, Canal 13, onde Cassandra Rios era uma das participantes.

Outras Leituras

1. CARRARO, Adelaide – toda sua obra.

2. RIOS, Cassandra – desta autora lemos os seguintes livros:
   A Borboleta Branca, Global Editora, 1980, S. Paulo.
   Tessa, a Gata, Editora Record, 1980, S. Paulo.
   Uma Aventura dentro da Noite, Editora Record, 1981, S. Paulo.
   Um Escorpião na Balança, Editora Record, 1981, S. Paulo.
   Volupia do Pecado, Editora Mundo Musical, 1974, Rio.
   Marcelina, Editora Record, 1981, S. Paulo.
   A Serpente e a Flor, Editora Record, 1982, S. Paulo.
   Censura, Gama Editora, 1979, S. Paulo.
   Ariela, a Paranóica, Editora Record, 1980, S. Paulo.

3. CAMPOS. R. Rosa. *As Meninas do Governador.* Gama Editora, 1980. São Paulo.

4. *As Memórias Eróticas de Frei Saturnino,* autor desconhecido, Gama Editora, 1978.

5. Coletamos ainda material de leitura dos jornais da Capital (*Folha de S. Paulo, Jornal da Tarde, Notícias Populares,* entre outros), Revistas como *Ele e Ela, Status, Penthouse, Privé, Playboy,* entre outras.

IMPRESSÃO E ACABAMENTO:
YANGRAF Fone/Fax: 6198.1788